いつでも だれでも どこでも

楽しく気軽に出来る授業づくりのヒント

土屋 武志 監修
碧南市立西端小学校 著

まえがき

　本書を手に取る人は，日頃から新聞に親しんでいる人だろうか。それとも，新聞にはあまり親しみのない人だろうか。最近は，ネットニュースで情報を得る人も多く，紙の新聞を手に取る人は減っていて，新聞がなくなることが心配される時代になっている。果たして，新聞は絶滅するのだろうか。

　日本で「新聞」が発行されたのは，江戸幕府末の1862年のこと。当時オランダ東インド会社が幕府に提出していた「オランダ風説書」を幕府だけでなく一般にも公開するため「官板バタビア新聞」として発行されたのが，日本の新聞の始まりとされている。日本の新聞は，それ以来155年の歴史をもっている。かわら版と呼ばれた号外形式の新聞前史もあるので，日本の新聞の歴史は古い。その歴史の中間地点の1940年代は，政府の統制もあって戦争をあおる役割も果たした。現在は，そのような負の歴史も踏まえて，公正かつ正確な情報を提供することに努めている。

　さて，本書がその内容とするNIE（エヌ・アイ・イー）は，Newspaper in Education の頭文字をとったもので，「教育に新聞を」などと呼ばれている。新聞を教材として用いる教育実践のことである。本書を読むと，新聞が絶滅してよいメディアでなく，これからさらに必要なメディアであることに気づくだろう。本書は，子どもたちが，世の中に関心をもち，調べ，自分の言葉でわかりやすく人に伝えるという学習活動を紹介している。それは，考える人間を育てる学習活動である。「新聞」を使うことは，その学習が子ども主体で進んでいくのを手助けすることに，本書で気づかされる。新聞は，絶滅してよいメディアではないのである。

　しかしながら，新聞はなくてもネットから情報が入ってくるため，人々は，新聞がなくてもよいと思えてくる。これが，いま現実化しつつある危機である。多様な情報から適切に必要な情報を選び，それらを組み合わせて考えをつくりだす。そのとき，他者の意見も参考に，自分の考えを見直し，より確かな考えに高めていく。その過程で異なる考えをもつ他者へも寛容になるし，情報が多様に解釈されることに気づく。このような活動に，紙媒体の新聞は効果的なことが本書でわかる。本書は，世の中に関心をもち，自ら思考する大人を育てるために，NIEが重要であるということと同時に，それを支える「新聞」がなくてはならないことを教えてくれる。ネット社会になっても，絵本や児童書が多く出版されているように，新聞がこれからも発行され続けられるべき情報文化であることも本書で理解できる。

　なお，本書の著者である碧南市立西端小学校校長岩井伸江氏は，NIE実践家として定評ある教師であり，本書は，まさに氏が校長を務める学校の日頃の実践がまとめられた貴重な本である。新聞の質感すら伝わる本書から，多くのヒントを得て，実践に取り組む教師と子どもたちが生まれることを願っている。

愛知県NIE推進協議会会長・愛知教育大学教授　　土屋　武志

contents

まえがき

序章　NIEで育む「主体的・対話的で深い学び」 ……… 6

① NIEとは……
② 新学習指導要領が求める「主体的・対話的で深い学び」とは……
③ NIEと「主体的・対話的で深い学び（アクティブ・ラーニング）」「カリキュラム・マネジメント」
④ NIEを通して育てたい「資質・能力」
⑤ いつでも・だれでも・どこでもNIE

第1章　いつでもNIE ―新聞にいつでも親しもう― ……… 11

① NIEって難しい?!
② 新聞をいつでも読むことができる場 ➡ 全校新聞を読む日
③ 新聞をいつでも手に取り，読むことができる環境 ➡ いつも新聞がある学校図書館
④ 新聞をいつでも意識して進める学習の場 ➡ 新聞切り抜き作品づくり

　　1 全校新聞を読む日 ……… 14
　　2 新聞コーナーのある学校図書館 ……… 16
　　3 図書委員会でNIE ……… 17
　　4 新聞切り抜き作品づくりに挑戦 ……… 18

第2章　だれでもNIE ―だれでもできる新聞学習― ……… 21

① NIE学習の3分野
② NIE学習の学年のめあて
③ NIEカリキュラム

★ NIEカリキュラム（1年） ……… 24
★ NIEカリキュラム（2年） ……… 25

実践① 1年 生活科〈①新聞制作〉
シャボン玉新聞をつくろう～おもしろいあそびがいっぱい～ ……… 26

実践② 1年 生活科〈②新聞活用〉
おもしろ新聞すごろくであそぼう～むかしあそび名人になろう！～ ……… 28

実践③ 2年 音楽科〈①新聞制作〉
ようすをおもいうかべて新聞づくり～『人形のゆめと目ざめ』をきいて～ ……… 30

実践 ④ 2年 国語科〈②新聞活用〉
みんなで楽しく文づくり〜新聞で見つけたかたかなをつかって〜……………………32

実践 ⑤ 2年 国語科〈②新聞活用〉
めざせ！四コマせりふ名人〜絵を見てお話をそうぞうしよう〜……………………34

★ NIE カリキュラム（3年）………………………………………………………………36
★ NIE カリキュラム（4年）………………………………………………………………37

実践 ⑥ 3年 総合的な学習の時間〈②新聞活用〉
新聞からクイズをつくろう〜自分の歯を100歳まで〜……………………………38

実践 ⑦ 3年 道徳科〈②新聞活用〉
78円の命〜命について考えよう〜……………………………………………………40

実践 ⑧ 4年 国語科〈③新聞機能学習〉
見出しつけに挑戦！〜「ふつう」みんなちがうじゃん！〜…………………………42

実践 ⑨ 4年 社会科〈②新聞活用〉
地名ビンゴをしよう！〜新聞から地名を見つけよう〜………………………………44

実践 ⑩ 4年 道徳科〈②新聞活用〉
メッセージを送ろう〜原発いじめから考えよう〜……………………………………46

★ NIE カリキュラム（5年）………………………………………………………………48
★ NIE カリキュラム（6年）………………………………………………………………49

実践 ⑪ 5年 社会科〈③新聞機能学習〉
新聞社の役割〜新聞のひみつをさぐろう〜……………………………………………50

資料 同一新聞・同一日で版の違う新聞を使って………………………………………52

実践 ⑫ 5年 家庭科〈②新聞活用〉
広告で買い物にGO！〜じょうずに使おうお金やもの〜……………………………54

実践 ⑬ 6年 図画工作科〈②新聞活用〉
頭の中は……………………………………………………………………………………56

実践 ⑭ 6年 国語科〈③新聞機能学習〉
投書に挑戦！〜新聞の投書を読んで意見を書こう〜…………………………………58

実践 ⑮ 6年 道徳科〈②新聞活用〉
リオオリンピックから学ぶ〜協力し合って目標に挑戦しよう〜……………………60

実践 ⑯ 特別支援 国語科〈①新聞制作〉
にこにこスマイル新聞を作ろう…………………………………………………………62

| 資料 | こんなところでも NIE～NIE ギャラリー～ ………………………………… 66

第3章 どこでも NIE ―どこでもチャレンジ NIE― …………………………… 67

① NIE を広げるために
② 保護者と進める NIE
③ 新聞づくりから取り組む NIE
④ どこでもできる NIE

| 資料 | 親子わくわく新聞教室 ……………………………………………………… 70
| 実践① | 1年〈②新聞活用〉親子で防災グッズづくり～新聞でスリッパをつくろう～ ……… 71
| 実践② | 2年〈②新聞活用〉新聞で思いを伝えよう～親子で新聞のお手紙こうかん～ ……… 72
| 資料 | 新聞で帽子をつくろう ……………………………………………………… 73
| 資料 | 親子で新聞のお手紙こうかん ……………………………………………… 74
| 実践③ | 4年〈①新聞制作〉親子でつくろう１／２成人式～親子ではがき新聞に挑戦～ …… 75
| 実践④ | 5年〈②新聞活用〉新聞をすみからすみまで読もう～親子で新聞クイズに挑戦～ … 76
| 実践⑤ | 3年・6年〈①新聞制作・②新聞活用〉
　　　　　新聞で主張しよう～親子で新聞切り抜き作品づくり～ …………………………… 78
| 資料 | 新聞っておもしろい！西端小「ふれあい学級」（中日新聞）………………… 80
| 資料 | 授業の振り返りに見出し …………………………………………………… 81
| 資料 | どこでも新聞づくり ………………………………………………………… 82

第4章 NIE のヒント …………………………………………………………… 85

① 楽しく NIE
② もっと気軽に NIE
③ NIE のヒントはいっぱい

| ヒント① | お誕生日新聞を読む ………………………………………………………… 88
| ヒント② | 挑戦！新聞ノート ………………………………………………………… 89
| ヒント③ | 報道を詠む～報道写真で俳句をつくろう～ ……………………………… 90
| ヒント④ | 新聞でスピーチ～わたしのおすすめ新聞記事～ ………………………… 91
| ヒント⑤ | 新聞で GO！～新聞のこんな活用～ ……………………………………… 92

あとがき

序章

NIEで育む「主体的・対話的で深い学び」

1 NIEとは……

　NIEは「Newspaper in Education」（教育に新聞を）の略で、新聞を生きた教材として教育に活用する運動のことである。NIEのホームページによれば、NIEは、1930年代にアメリカで始まり、日本では1985年静岡で開かれた新聞大会で提唱され、現在では世界80か国以上で実施されている活動である。

　NIEでは、新聞を教材として学校教育に活用することで、児童生徒の社会への関心を高め、情報を「読み解く」力、「考える」力、問題を「解決する」力を身につけることを目的としている。

2 新学習指導要領が求める「主体的・対話的で深い学び」とは……

　新学習指導要領では、グローバル化の進展や人工知能（AI）の飛躍的な進化など、社会の加速度的な変化を受け止め、将来の予測が難しい社会の中でも、伝統や文化に立脚した広い視野をもち、志高く未来を創り出していくために必要な資質・能力を、子どもたち一人一人に確実に育む学校教育を実現することが重視されている。そのためには、教師が「何を教えるか」だけでなく、学習する子どもの視点に立ち、「何ができるようになるか」「何を学ぶか」「どのように学ぶか」が大切であると述べている。

　さらに、新学習指導要領では、子どもたちが「何ができるようになるか」という観点で、学校教育を通じて育成を目指す「資質・能力」を、以下の三つの柱に沿って明確化している。
　①生きて働く「知識・技能」の習得
　②未知の状況にも対応できる「思考力・判断力・表現力等」の育成
　③学びを人生や社会に生かそうとする「学びに向かう力・人間性」の涵養
　そして、そのために「何ができるようになるか」「何を学ぶか」「どのように学ぶか」の具体的な方策として挙げているのが、「主体的・対話的で深い学び（アクティブ・ラーニング）」と「カリキュラム・マネジメント」である。

「主体的・対話的で深い学び（アクティブ・ラーニング）」は，今までの教師による講義形式の授業ではなく，子どもたちが一人でもペアでもグループでも，自分で考えたり相談したり，工夫したりしながら学習していく，主体的・能動的・協働的・創造的な学習のことである。
　また，「カリキュラム・マネジメント」とは，子どもたちの姿や地域の実情等を踏まえて，各学校が設定する教育目標を実現するために，学習指導要領等に基づき，教育課程（カリキュラム）を編成し，それを実施・評価し改善していくことである。
　初等中等教育分科会（第100回）の配付資料（平成27年9月14日）によれば，「主体的・対話的で深い学び（アクティブ・ラーニング）」は，形式的に対話型を取り入れた授業や特定の指導の型を目指した技術の改善に留まるものではなく，子どもたちの質の高い深い学びを引き出すことを意図するものであり，さらに，それを通してどのような資質・能力を育むかという観点から，学習の在り方そのものの問い直しを目指すものである。
　また，「カリキュラム・マネジメント」は，学校の組織力を高める観点から，学校の組織及び運営について見直しを迫るものである。その意味において，今改訂に向けて提起された「主体的・対話的で深い学び（アクティブ・ラーニング）」と「カリキュラム・マネジメント」は，授業改善や組織運営の改善など，学校の全体的な改善を行うための鍵となる重要な概念として位置づけられるものであり，相互の連動を図り，機能させることが大切である。
　教育課程を核に，授業改善及び組織運営の改善に一体的・全体的に迫ることのできる組織文化の形成を図り，「主体的・対話的で深い学び（アクティブ・ラーニング）」と「カリキュラム・マネジメント」を連動させた学校経営が，それぞれの学校や地域の実態をもとに展開されることが強く求められているのである。

3　NIEと「主体的・対話的で深い学び（アクティブ・ラーニング）」「カリキュラム・マネジメント」

　新学習指導要領の要となる「主体的・対話的で深い学び（アクティブ・ラーニング）」は，情報化が進み，激しく変化し複雑化する社会を生きるために，知識を活用して話し合いの中で問題解決を図る力をつけるための教育と言えよう。そういった観点から，NIEはもともと自らが生きる社会に目を向け，課題を見つけ，考えを交換しながら解決の方法を考える取り組みであり，「主体的・対話的で深い学び（アクティブ・ラーニング）」の先駆的学習と言える。
　NIEにおける主体的・対話的で深い学びとは次のように詳述できる。
　主体的とは，新聞記事の内容や新聞を教材として与えられた課題に，どのように自分のめあてをもって取り組んでいくかを一人一人の子どもが主体となって考え，課題解決しながら学んでいくことである。課題解決のための過程や子どもの思いを大切にする。
　対話的とは，新聞記事の内容や新聞を教材として与えられた課題を，子ども同士の話し合い

や協働活動といった関わり合いによって，広げ，深めていき，確かにすることである。教職員以外の新聞記者といった新聞に関わる人たちから学ぶだけでなく，新聞そのものを読み，調べることからも，自己の考えを広げていくことである。

深い学びとは，新聞記事の内容や新聞を教材として与えられた課題を，習得・活用・探究という学びの過程の中で，各教科等の特質に応じた「見方・考え方」を働かせながら，知識を相互に関連づけてより深く理解したり，情報を精査して考えを形成したり，問題を見いだして解決策を考えたり，思いや考えをもとに創造したりすることである。自主的に新聞を発行したり，意見を投書したり，情報を進んで発信したりすること等の活動も学びを深めていく姿である。

具体的には，学習するための課題を新聞から提供したり，見つけたりしてペアトークやグループトークの材料にしたり，自分の考えを述べ合い，グループで提案としてまとめたりするなど，学習課題としての活用が挙げられる。

また，環境問題や福祉問題などテーマに合った記事を集め，学習に活用するなど，学習教材としての活用も考えられる。そして，身近な社会的な出来事を伝える新聞は生活に役立つと子どもたちが実感することで，学習内容に関心をもち，主体的な学習を促すことになる。

さらに，新聞を読んだり，作成したりする学習を通して，文章を読み解く力や，要約する力を身につけることができたり，新聞の論理的な書き方を作文に応用することができるようになったりする等，学びの質を深めていくことができる。

こうした観点から，NIEを積極的に学習に取り入れることで，「主体的・対話的で深い学び（アクティブ・ラーニング）」を実現することができる。

また，総合的な学習の時間のカリキュラムにNIEを位置づけるなど，もともとあるカリキュラムの中にNIEを組み込んでいくカリキュラム・デザインを行うことで，NIEを無理なく進めていくことができる。

学校の教育課程の中にNIEを取り入れ，6年間で発達段階に応じ，段階的に積み上げる学習の定着化を図り，NIEを核とした「カリキュラム・マネジメント」を推進していくことができよう。

4 NIEを通して育てたい「資質・能力」

NIEを通して育てたい「資質・能力」として，以下のものが挙げられる。

① 生きて働く「知識・技能」の習得

取材したことや自分の考えを文章にすることができる。見出しつけ等を通して，文章を要約する力や，新聞の論理的な書き方を作文に応用することができる。また，様々な文章を読む力だけでなく，グラフや図表・写真等も資料として総合して読み取ることができる。

新聞に親しむことで，活字に親しむ態度・習慣を育成することができる。

② 未知の状況にも対応できる「思考力・判断力・表現力等」の育成

多くの情報の中から自分に必要な情報を正しく選んだり，読み取ったり，活用したり，発信したりすることができる。また，先入観にとらわれず，常に正しいかどうかを判断する多様な視点をもつことができる。

③ 学びを人生や社会に生かそうとする「学びに向かう力・人間性」の涵養

社会に関心をもち，社会の動きや社会で問題になっていることを自分自身の問題としてとらえ，よりよい社会の形成に参画・参加しようとする意識を育てることができる。

様々な意見や価値観を認め，協働して学ぶ姿勢を育てることができる。多くの事実や意見の中から，自らの判断で自分の意見・判断を練り上げ，調べ，解決することができる。

新聞は多岐にわたる内容をもっている。ここに述べた以外にも，NIEで育てることができる「資質・能力」はあると考えることができるが，NIEを実践する際には，常に「何ができるようになるか」を明確化し，意識して進めていきたい。

5 いつでも・だれでも・どこでもNIE

現在は活字離れが急速に進んでいるとよく言われる。また，新聞を定期購読していない家庭も増加している。西端小学校でも4年生から6年生の児童262名を対象にアンケート（平成28年5月実施）をとったところ，新聞を定期的にとっている家庭は65％であった。子どもたちは，新聞を読む大人を間近に見たり，新聞に日常的に触れたり，目にする機会すらないと言える。

本校は平成26・27年度NIE実践校の指定を，日本新聞協会から受けた。NIE実践校は，日本新聞協会から一定期間新聞の提供を受け，授業で活用することができる。現在，全国で500を超える小中高等学校がNIE実践校に指定されている。NIE実践校に指定されることで，新聞が学校の中に常に存在するだけでなく，その地域で配達されるすべての新聞が提供され，新聞の読み比べ等，多彩な学習活動が期待できる。

そこで，新聞が常に学校にあるという状況を生かし，学校全体でNIE学習に取り組み，「いつでも」「だれでも」「どこでも」取り組むことのできるNIEを推進し，楽しみながら「主体的・対話的で深い学び」を身につけていくことにした。

① いつでもNIE

・朝の読書の時間にNIEを取り入れることで，いつでもNIEに取り組むことができる。
・学校図書館に新聞を常時，配置することで，いつでも新聞を手に取ったり，読んだりすることができる。
・新聞切り抜き作品づくりを総合的な学習の時間の中に位置づけることで，新聞の記事集め等にいつでも取り組むことができる。

② だれでも NIE

・授業の中に NIE を積極的に取り入れ，カリキュラム・デザインを行うことで，だれでも NIE に取り組むことができる。
・いろいろな教科で新聞を活用することで，だれでも NIE に関わることができる。

③ どこでも NIE

・授業だけでなく NIE に関わる行事を行うことで，どこでも NIE を推進できる。
・修学旅行や見学学習，体験学習等のまとめ等に新聞づくりを取り入れることで，行事や体験活動など，どこでも NIE に取り組むことができる。

第 1 章

いつでも NIE
―新聞にいつでも親しもう―

全校新聞を読む日

　新聞にいつでもふれ，いつでも新聞を読み，新聞を使った学習や活動を日常的につくっていくことで，子どもたちが新聞にいつでも親しむことができるようにしていきたいと考えました。
　そのために，いつでも新聞を読むことができる場，新聞をいつでも手に取り，読むことができる環境，新聞をいつでも意識して進める学習の場を設けました。

1 NIEって難しい?!

「新聞は字が小さくて，漢字ばっかり……」
「新聞は大人が読むもの」

多くの小学生は，新聞についてこんな感想をもっている。また，新聞を定期購読していない家庭も増加している。そのため，新聞を読む大人を間近に見たり，新聞に日常的に触れたり，読んだりする機会がなかなかもてない子どもも少なくない。

そんな現状の中，どうやって新聞を活用した学習を進めていったらよいのか，どんなふうにNIEを始めていったらよいのか，わからないという声も聞く。

NIEの進め方には，特にセオリーがあるわけではない。新聞，特に「生の新聞」に実際にふれることから始まる学習もたくさんある。まず，子どもたちがいつでも新聞にふれ，いつでも新聞を読み，いつでも新聞を使った学習や活動を，日常的につくっていくことから始めたい。NIEに難しいことは何もないのだから。

2 新聞をいつでも読むことができる場 ➡ 全校新聞を読む日

新聞は，毎日，多くの時間をかけて，じっくり読むことだけがすべてではない。少ない時間でも，継続して，無理をせずに，細く長く続けていくことが大切である。そうすることで，新聞に親しみ，新聞に興味をもつ子どもが育っていくのである。

また，いきなり子どもたちに「新聞を読みましょう」と投げかけても，どこから，どんなふうに読んでいいか，戸惑いもあることだろう。新聞をとっていない家庭も少なくないため，実際に子どもたちが読むための新聞をどうするのかという問題もある。

そこで，本校では，新聞をいつでも読むことができる場，しかも，全校の子どもたちが新聞を読む場をつくっていきたいと考え，毎朝，全校で取り組んでいる「朝の読書の時間」の一日を「全校新聞を読む日」とし，全校で新聞を読むための時間を確保している。新聞を「読む」ということを考慮し，3年生からの実施としている。また，読む新聞については，ワークシートを作成し，学校で準備をしている。

なお，この取り組みは，「NIEタイム」とし，「新聞活用学習の日常化」の切り札として全国的にも広がりを見せている。「NIEタイム」の取り組み方は一様ではない。様々な取り組み方があり，その取り組み方は，日本新聞協会のホームページからも知ることができる。

3 新聞をいつでも手に取り，読むことができる環境 ➡ いつも新聞がある学校図書館

　学校図書館は，子どもたちの学習を支えてくれる情報センターであり，情報の宝庫である。新聞は「最も新しい情報」を伝えるメディアとして，学校図書館にはなくてはならない存在である。

　また，これからの学校図書館には，各教科等の授業における言語活動や問題解決的な学習等，読書活動の推進のために活用されることに加え，調べ学習やNIE，また，各教科等の様々な授業で活用されることにより，学校における言語活動や探究活動の場となり，「主体的・対話的で深い学び（アクティブ・ラーニング）」を支援していく役割が一層期待されている。

　平成29年度からの「第5次学校図書館図書整備等5か年計画」では，平成24年度からの「第4次学校図書館図書整備等5か年計画」に引き続き，子どもたちの発達段階に応じた学校図書館への新聞の複数紙配備として，小学校1紙・中学校2紙，そして新規で高等学校等4紙の措置が行われている。学校図書館での新聞の複数紙配備は必須となっている。また，学校司書の役割もますます重要となっている。

　そこで，新聞をいつでも手に取り，読むことができる環境づくりとして，学校図書館と学校司書を活用している。

4 新聞をいつでも意識して進める学習の場 ➡ 新聞切り抜き作品づくり

　新聞には趣味に関することから専門的な知識や社会情勢まで，幅広いジャンルの記事が掲載されている。また，新聞記事の中には，課題や課題解決のための情報がたくさんある。子どもたちは，課題や興味・関心に沿って情報を取捨選択して課題を解決し，この過程において読解力や摘読の力，情報を整理し関連させる力をつけることができる。その中で，いつでも課題や問題点を意識して新聞を読み進めていくことは，子どもたちが新聞記事に対する興味・関心をもつことにもつながるだけでなく，情報の取捨選択や課題解決能力を育てていくことにもなる。

　そこで，子どもたちが課題や問題点を意識して読み進めていく学習の場として，新聞切り抜き作品づくりに取り組んでいる。

　新聞切り抜き作品づくりは，3年生から継続して取り組むことで，「読解力」や「語彙力」「文章力」が向上し，「考える力」「社会力」も身につけることができる。また，作品としての見栄えという観点から「デザイン力」「創造力」も高めることができる。

1 全校新聞を読む日

毎週水曜日を「全校新聞を読む日」として、朝の読書の時間15分間を活用し、3年生以上が取り組んでいる。読む記事は中日新聞に毎週日曜日に掲載されている「新聞わーくシート」を中心に、学校司書が子どもの興味・関心を考慮して選定している。

この「新聞わーくシート」はクイズ形式となっているため、毎週楽しみにしている子どもも多く、読み終わると自分でクイズを作成したり、感想を書いたりしている。また、この時間を活用し、自分の興味ある新聞を読む子どもも増えてきている。

新聞わーくシートに取り組む

新聞わーくシート

ためになる新聞クイズ

　ぼくたちは，毎週水曜日の朝の読書の時間に新聞を読んでいます。新聞を読んで，クイズに答える活動です。最近読んだ記事は，「組み体操事故なくせる？」でした。むずかしい問題もあるけれど，記事をしっかりと読めばほとんどのクイズは正解することができます。

　今までは，新聞を読む機会がなかったけれど，新聞にはためになることや，自分の興味があることがたくさん書いてあることがわかりました。これからは，家でも新聞を読んでみようと思います。そして，心に残る記事を見つけたら，ぼくもクイズを作って，周りの人にその記事の内容を伝えたいです。

(4年児童)

　3学期からは4年生以上で新聞の視写にも挑戦している。これも学校司書が子どもたちの興味ある記事を選んでワークシートを作成している。視写だけでなく，見出しや感想を書くことまで取り組む子どもが増えてきている。

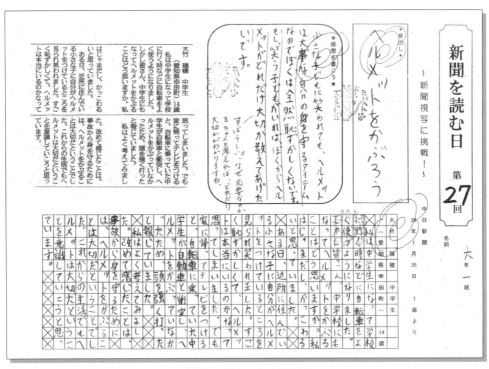

新聞わーくシート・視写版

新聞選びのポイント

　新聞視写では，新聞各紙の読者投書欄から，小学生の記事を中心に選んでいます。内容は，学校行事や季節の行事，友達や知己の人々のことなど，子どもたちが読んで共感しやすいものを選ぶように心がけています。そのほうが，難しい漢字や言葉が少なく，書き写しやすいし，子どもたちの感想や意見を引き出しやすいと考えたからです。ときには，記事の内容と関連のある本を紹介し，読書とつなげる工夫もしています。

(学校司書)

2 新聞コーナーのある学校図書館

常に新聞に親しむことができる環境づくりとして、学校図書館に新聞常設コーナーが設置され、いつでも新聞にふれることができる。

学校図書館の新聞常設コーナー

新聞の常設のほかにも、学校司書のアイデアで本に関する新聞記事の切り抜き掲示や、中日新聞の「作ってみよう！リトルシェフ」「親子でホームルーム」のスクラップ集を置き、子どもたちが自由に手に取ることができるようにしている。

学校図書館の新聞記事切り抜き掲示

学校図書館新聞掲示コーナー

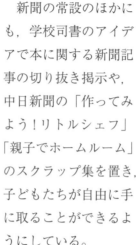

親子でホームルーム

中日新聞ジュニア中日

学校司書による
新聞に関する本の紹介

じゅぎょうにやくだてるよ

わたしは、としょしつで『しんぶんしでつくろう』という本をかりました。これは、としょの先生が国語のじかんに読み聞かせでしょうかいしてくれた本です。とくに「ジャングルおにごっこ」というのがおもしろそうだったので、じぶんでも作ってみたいと思いました。先生が、「これからじゅぎょうで新聞をつかっていろいろなものを作るよ。」と言っていたので、やくに立ちそうです。　　　　　　　（2年児童）

コーナーで本を見つけたよ

としょしつには「えほんにかんけいするきじを見つけたよ」というコーナーがあります。ぼくは、「がんこちゃん」を書いた人のことがしょうかいしてあるのを見て、『ざわざわ森のがんこちゃん　いじわるバンバン』という本をかりました。あさの読書でまい日読んでいます。
（2年児童）

3 図書委員会でNIE

図書委員会の活動として，本に関する記事探しを行い，掲示して紹介した。

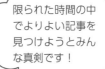

図書委員会の先生から記事を探す活動のやり方について説明を聞きました。
　＊本に関する記事であること
　　（ただし本の紹介・書評は除く）

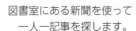

図書室にある新聞を使って一人一記事を探します。

限られた時間の中でよりよい記事を見つけようとみんな真剣です！

二人同時に同じ記事を見つけました。

早く見つけるには見出しに注目することがポイントです。

活動はまとめて，学校図書館に掲示しました。

全校のみんなに紹介

　初めて図書委員会でNIEの活動をしました。はじめは新聞には本に関する記事が見つかるかなと思いましたが，探してみるとたくさんありました。図書室に掲示して全校のみんなに紹介したいです。　　　　　（6年図書委員児童）

4 新聞切り抜き作品づくりに挑戦

「新聞切り抜き作品」とは，関心のあるテーマに合った新聞記事を切り抜いて集め，模造紙（B紙）にレイアウトよく貼り付けた後，見出しや自分の意見，感想を書き入れて完成させた「世界で自分だけの新聞」のことである。この新聞切り抜き作品を扱ったコンクールは，中日新聞の主催で中部9県（愛知，岐阜，三重，静岡，滋賀，長野，福井，石川，富山）の小中高校生や，小学生とその家族を対象としており，1994（平成6）年から始まり，20年以上の伝統がある。

新聞切り抜き作品づくりは，新聞を読んで理解し考え，新聞を教材にして創造し，自分の感想・意見を発信するという総合的な効果が期待できるものである。

NIEコーディネーターによる指導

そこで，本校では平成26年度から総合的な学習の時間の中に新聞切り抜き作品づくりを位置づけ，3年生～6年生の全校で取り組んでいる。

初めて新聞切り抜き作品づくりに挑戦する3年生には，毎年1学期に中日新聞ＮＩＥコーディネーターを講師として招聘し，新聞切り抜き作品づくりオリエンテーションを実施している。新聞の記事集め等には家庭での協力が不可欠である。そのため，このオリエンテーションには保護者の方の参加も呼びかけ，毎年若干名ではあるが，参加していただいている。

新聞切りぬき作ひんづくりがんばるぞ

　わたしは1学期に新聞切りぬき作ひんづくりのオリエンテーションに参加しました。さいしょ，新聞の切りぬきと聞いたときは，大へんそうだなと思いました。
　オリエンテーションでは，こうしの先生に新聞の読み方や中日新聞という題名のまわりに，絵がかくされていることなどを教えてもらいました。鳥や神社，名古屋ドームの絵がかくれていてとてもおもしろかったです。かくし絵をさがしたあとは，新聞を読んでその中から記事を切りぬくことをやりました。わたしは「カブトムシをそだてよう」という記事をえらんで切りぬきました。そのあとに，読んで思ったことを書き，みんなの前で発表ました。
　オリエンテーションで教えてもらったことを家に帰ってからお父さんやお母さんに話したら，
　「すごいね。知らなかったよ。」
と言っていたのでうれしくなりました。2学期には自分で作ひんづくりをするので，こうしの先生に教えてもらったことを思い出してがんばりたいです。

（3年児童）

また，子どもたちに新聞切り抜き作品づくりに取り組ませるにあたり，その指導者である担任が新聞切り抜き作品づくりについて知らなければ，適切な指導はできない。そこで，夏休み中の現職教育の時間に教師を対象にした新聞切り抜き作品づくりを行った。講師は中日新聞 NIE コーディネーターで，用紙は模造紙（Ｂ紙）１／２とした。また，使用する新聞記事についても講師の用意したものを使用した。

先生も新聞切り抜き作品づくりに挑戦

　初めて新聞切り抜き作品づくりに取り組む教師も少なくなかったが，「平和」のテーマのもと，どの教師もほぼ２時間で作品を完成することができた。完成した作品は職員室前廊下の掲示板に掲示した。先生が作った新聞切り抜き作品ということで，子どもたちも興味をもって見ていた。これから取り組む新聞切り抜き作品づくりへの意欲づけにもなった。

先生たちの作った新聞切り抜き作品

　各学年のテーマは総合的な学習の時間のテーマとリンクしている。初めて取り組む３年生はより取り組みやすいテーマということで，自由テーマとした。
〈平成28年度の各学年の新聞切り抜き作品テーマ〉
　３年…自由テーマ　　４年…「福祉」
　５年…「環境」　　　６年…「世界の中の日本」

新聞切り抜き作品づくりの様子

　初めて取り組む３年生の中には，記事読解に苦戦する子どももいた。しかし，読んだ後はグループの友達と検討しながら記事を分類し，レイアウトをするなど，楽しみながら新聞切り抜き作品づくりを行うことができた。また，４年生～６年生は，新聞切り抜き作品づくりに継続して取り組んでいるため，１学期から，「全校新聞を読む日」にテーマに沿った新聞記事を集めていた。また，夏休み中に家族と協力して記事を集めている子どもも少なくなかった。

新聞切り抜き作品発表会

　作品を作った後は，作品発表会を行った。友達の作品を見たり，工夫した点を聞いたりすることで次年度への意欲化へつなげていくこともできている。
　この他にも，４年生～６年生は日本新聞協会主催「いっしょに読もう！新聞コンクール」に参加し，興味をもった新聞記事を選んで親子で意見を交流し合う機会を設けている。

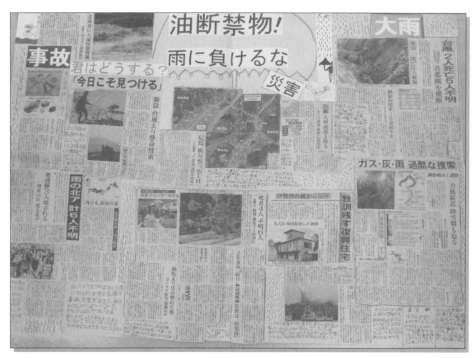

4年児童新聞切り抜き作品
平成26年度新聞切り抜き作品コンクール　優秀賞

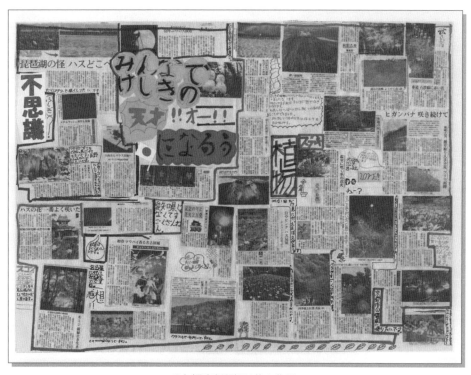

3年児童新聞切り抜き作品
平成28年度新聞切り抜き作品コンクール　優秀賞

第 **2** 章

だれでも NIE
― だれでもできる新聞学習 ―

シャボン玉新聞を作ったよ（1年）

　各教科や総合的な学習の時間の中で分散して行われているNIEの授業を体系的に進めていくことで、学年の発達段階に応じてレベルアップしながら「主体的・対話的で深い学び」が育成できるのではないかと考えました。
　そこで、「西端小NIEカリキュラム」を作成し、だれでも取り組むことができるNIEにチャレンジしました。

1　NIE学習の3分野

　NIE学習には3分野の活動がある。この3分野をバランスよく行うことで，NIEの活動を効果的に進めていくことができる。

①　新聞制作学習（新聞に学ぶ）

　学習のまとめや表現として，調べたことや学んだことを新聞にまとめていく学習である。新聞の種類も，個人新聞からグループで作るものまで，多種多様である。また，新聞の内容も，学習新聞や見学新聞など，あらゆる教科や学習の場で活用することができる。

　新聞を制作することは，新聞そのものに学ぶことである。情報を収集（取材）し，整理し，加工し，それを編集，発信（発行）する活動を通して身につけることができる新聞制作の方法は，新聞学習の基礎・基本を新聞に学ぶことである。また，見出しやリード文を書くことは，文章を要約する力にもなり，国語の力をつけることにもなる。さらに，記事の割り付け等を通して，レイアウトなどの工夫も学習できる。

②　新聞活用学習（新聞で学ぶ）

　新聞を学習の補助的な教材として提示したり，資料として活用したりする学習である。新聞は記事だけでなく，写真や見出し，広告や図・マンガ等，様々な要素で構成されている。そういった新聞の様々な要素を学習の中に活用していくことで，各教科・領域等のねらいを効果的・効率的に達成することができる。新聞を活用することは，まさに新聞で学ぶことなのである。

　また，教科書の内容は古くなってしまうこともあるが，新聞を活用することで，いつでもタイムリーな情報を子どもたちに提供できる。

③　新聞機能学習（新聞を学ぶ）

　新聞機能学習は，新聞記者の方をゲストティーチャーとして招聘し，記者の仕事について学んだり，新聞発行までの過程や新聞紙面について学んだりして，新聞そのものを学ぶ学習である。新聞の機能を学習することで，情報モラルや個人情報，知的財産権，情報の信憑性等も学ぶことができる。

2　NIE学習の学年のめあて

　学年の発達段階に応じてめあてを定めることで，レベルアップしながらNIE学習を進めていくことができる。

①　新聞と仲良しになろう（1・2年生）

　1・2年生の子どもたちにとって，新聞は大人が読むものであり，じっくり手に取ってみることも，あまりないのが現状である。そんな子どもたちにまず，新聞を実際に手に取ったり，

新聞を使って遊んだりすることで，新聞に親しませ，新聞と仲良しになることから始めていく。また，1・2年生の子どもたちにとっては，実際に記事を読んで内容を理解することは難しい。しかし，ふんだんに載っている写真を活用することで，様々な活動に発展させることができる。また，見出しや広告，四コマンガも活用できる。

こういった要素を活用することで，新聞って楽しいな，面白いなという気持ちを大切にしていきたい。

② 新聞を知ろう・学ぼう（3・4年生）

3・4年生の子どもたちは，新聞についての活動の幅を広げていきたい。実際に自分で新聞記事を読んだり，新聞を制作したりする活動にも取り組ませたい。そのために，例えば中日新聞が毎週日曜日に発行しているジュニア中日やサンデー版の大図解を活用していく。ジュニア中日はふりがながついているため，3・4年生の子どもでも記事を読むことができる。また，内容も小学生向けのため，記事についても理解することができる。

「全校新聞を読む日」や新聞切り抜き作品づくりにも取り組ませることで，NIE学習についての学びを少しずつ深めていく。

③ 新聞を活用しよう（5・6年生）

5・6年生は，今までの学習の積み重ねを生かし，新聞を活用する学習に取り組んでいく。新聞への投書に取り組んだり，新聞の読み比べを行ったりすることで，新聞機能学習も深め，新聞を様々な学習の場に活用し，発展させていく。

3 NIEカリキュラム

各教科や総合的な学習の時間の中で分散して行われているNIEの授業を体系的に進めていくことで，学年の発達段階に応じてレベルアップしながら「主体的・対話的で深い学び」の育成をめざしていく。

そこで，各学年の新聞を活用した授業を①新聞制作学習（新聞に学ぶ），②新聞活用学習（新聞で学ぶ），③新聞機能学習（新聞を学ぶ）に分類し，

　1・2年生…「新聞と仲良しになろう」
　3・4年生…「新聞を知ろう・学ぼう」
　5・6年生…「新聞を活用しよう」

の学年のめあてのもと「西端小NIEカリキュラム」を作成し，だれでも取り組むことができるNIEにチャレンジしている。「西端小NIEカリキュラム」を作成することで，教職員の異動や担任の交代等にも対応することができる。

西端小　NIEカリキュラム　第1学年

〈目標〉新聞となかよしになろう

教科・領域	4月	5月	6月	7月	8月	9月	10月	11月	12月	1月	2月	3月
国語						②〈サラダでげんき〉新聞からカタカナの言葉を見つける						
生活				①〈おもしろいあそびがいっぱい〉→ 実践①(p.26)・見出しについて知る・遊んだことを新聞にする			②〈あきとふれあおう〉秋の写真を新聞から見つける			②〈むかしあそび名人になろう！〉冬の写真を新聞から集めてごろくを作る→実践②(p.28)		
図画工作											②〈役に立つものを作ろう〉新聞で作品入れバッグを作る	
学級活動											②〈節分をしよう〉新聞で豆まき用の豆入れを作る	

西端小 NIEカリキュラム　第2学年

〈目標〉新聞となかよしになろう

教科・領域	4月	5月	6月	7月	8月	9月	10月	11月	12月	1月	2月	3月
国語								②〈絵を見てお話をそうぞうしよう〉四コママンガを使ってお話を作る→資料⑤(p.34)			②〈かたかなを使って文を作ろう〉→資料④(p.32) 新聞からカタカナを見つけ短文づくり	②〈春を見つけよう〉新聞の写真から春を見つける
生活						①〈わたしの町はっけん〉町たんけんをして、わかったことを「町たんけんしんぶん」にまとめる			②〈はっけんくふうおもちゃづくり〉新聞を使っておもちゃを作る			
音楽											①〈「人形のゆめと目ざめ」〉音楽を鑑賞し、思い浮かべた様子を新聞にする→資料③(p.30)	
図画工作							②〈かぼちゃに変身！新聞紙〉新聞紙で作ったかぼちゃに、お気に入りの新聞写真で飾り付けをする					
学級活動			③〈子どもしんぶんを読もう〉「子どもしんぶん」を読んで面白かったことを伝え合う									

実践 **1**　1年 ● 生活科〈①新聞制作〉

シャボン玉新聞をつくろう
～おもしろいあそびがいっぱい～

学習目標

（1）シャボン玉で遊んだことを文に表現し，新聞にできる。
（2）新聞の内容を短い言葉で「見出し」として表現できる。
（3）友達の作った新聞のよさを鑑賞できる。

学習内容・指導計画（4時間）

（1）シャボン玉で遊ぶ。……………………………………………… 1時間
（2）シャボン玉で遊んだことを文にする。………………………… 1時間
（3）シャボン玉で遊んだことを書いた文に見出しをつける。…… 1時間
（4）シャボン玉新聞の発表会をする。……………………………… 1時間

NIEの視点

　本単元では，身近な遊びを通して，自分たちの生活を工夫して楽しむことを目的としている。
　第1次では，身近にある花を使って，色水遊びやたたき染めなどをし，自然に親しみ，自分たちの生活を工夫して楽しみ，第2次では水遊びや砂遊びなどを通じて，友達と仲よく過ごすことを経験する。また，第3次では，自分たちで作ったシャボン液を使ってシャボン玉遊びを行う。その際，「どうしたら大きなシャボン玉が作れるか」を考えることをめあてとし，液や道具を工夫する。第4次でその内容を新聞にし，発表を行う。
　シャボン玉遊びの面白さや気づいたことを新聞にすることで，経験したことを自分なりに表現できるようにしたい。そのため，前時に子どもたちが書いた文章に見出しをつける。見出しつけは初めて経験することのため，どの意見もあたたかく受け止めたい。そして考えた見出しを友達に発表することで，文に表現したり発信したりする楽しさを味わうことができるようにしたい。

見出しがある場合とない場合

授業の実際（3／4）

〈自分の文章に合った見出しを考えよう〉

①見出しとは何かを知る。

　子どもが関心をもちやすいよう，学級新聞の見出しがある場合とない場合を例として掲示し，見出しの有効性を視覚的に感じさせる。

②見出しを考える。

　見出しを考えられるよう，育てた花から色水づくりを行った時の授業内容を文章に使用する。

③自分のシャボン玉新聞の文章に見出しをつける。

・文章を読む。

・自分の文章に合った見出しを考え，原稿用紙に書く。

④文章を読んだ後に見出しを発表する。

教師が作った文章

 子どもの姿と成果

　自分の文章に合った見出しを考える活動では，まずは自分の文章の中から「すてきなことば」を探し，そのことばを使って見出しを考えるようにした。その際，「みんなが読みたくなるような見出し」を考えることを大事にした。

　「クマのうちわがだいかつやく」「キラキラのしゃぼんだま」「どこまでもとんでくしゃぼんだま」など，どの子も自分なりの見出しをつけることができた。授業の振り返りには，「さいしょ，むずかしそうだなとおもってドキドキしました。でも，しんぶんを作りはじめると，たのしくてあっというまにできあがりました」「わたしがつけた見出しは，おもしろいねと友だちにほめてもらいました」といった記述があり，楽しく見出しづくりができただけでなく，考えた見出しを友達に発表することで，文に表現し，発信する楽しさを味わうことができた。クラス33名全員が授業時間内に新聞を完成できた。完成した新聞はクラスみんなで読み合い，感想を伝え合った。

児童作品～シャボン玉新聞～

実践 ② 1年 ● 生活科〈②新聞活用〉

おもしろ新聞すごろくであそぼう
～むかしあそび名人になろう！～

学習目標

（1）おもしろ新聞すごろくづくりを通して，自分の思いや気づいたことを自分なりに表現することができる。
（2）おもしろ新聞すごろくで楽しく遊ぶことができる。

学習内容・指導計画（4時間）

（1）新聞記事の中からお気に入りの写真を選ぶ。・・・・・・・・・・・・1時間
（2）選んだ写真にふさわしい言葉を考える。・・・・・・・・・・・・・・・1時間
（3）おもしろ新聞すごろくのルールを考える。・・・・・・・・・・・・・1時間
（4）おもしろ新聞すごろくで遊ぶ。・・・・・・・・・・・・・・・・・・・・・・・1時間

NIEの視点

　本単元では，けん玉，あやとり，カルタ，おてだま，おはじき，こま，竹馬，たこあげ，すごろくといったむかしの遊びに親しみ，挑戦する。そこで，いろいろなむかし遊びに親しんだ後，新聞の写真を利用し，写真から自由に連想した言葉やルールを考え，すごろくのマスを作る活動を取り入れたおもしろ新聞すごろくづくりに取り組むことにした。子どもたちは，算数の時間に「さんすうすごろく」の経験をしており，「サイコロの目だけ進む」以外にも様々なルールがあることを知っている。

　1年生にとって，新聞はまだなじみの浅いものであるが，好きな写真を選ぶ活動であれば，比較的抵抗なく取り組めるのではないかと考えた。個人の活動だけでなく，グループ活動を取り入れ，最終的にはクラスで一つの大きなすごろくを作り上げる活動にしたい。目的意識をもって活動に取り組めるように，クラスですごろく大会を開くことや，他のクラスと合同ですごろく大会を行うことを伝え，他者と関わり合うことを楽しみに，活動に取り組めるようにしていきたい。

授業の実際（2／4）

〈写真に合った言葉を考えて，すごろくのマスを作ろう〉

①教師が選んだ写真に「これは何の写真かな」と問いかけ，言葉のつけ方とマスの言葉の例を示す。
②自分の選んだ写真に合う言葉とマスの言葉を考える。
③グループ内で発表し合う。

子どもの姿と成果

どんな言葉がいいかな

1学期にやっとひらがなを習ったばかりの子どもたちにとっては，活字ばかりの新聞は難しくなじみのないものである。新聞を見たことのある子はほとんどであるが，「読んだことがある」となると，少数という結果であった。そんな子どもたちに「新聞には字もたくさんあるけれど，写真もたくさんあるよ。自分の気に入った写真を見つけてみよう」と呼びかけると，どの子も興味津々に新聞を手にしていた。新聞はあらかじめ「冬」というテーマにふさわしい写真が載っているものを準備した。

「おいしそうな写真があるよ。食べたいな」

「ぼくの好きなサッカーの写真を見つけたよ」

できあがった新聞すごろく

と口々に言いながら，どの子どもも写真を選ぶことができた。記事からだけでなく，広告から写真を選ぶ子どもも少なくなかった。

次に，選んだ新聞の写真を使って，すごろくづくりを行った。「大きな『おもしろすごろく』を作ろう」という教師からの問いかけに，どの子も意欲満々で取り組むことができた。

はじめに子どもたちに写真に合う言葉を考えさせた。そして，次にその言葉に合うマスの言葉を考えた。

「みんなでたこあげつくり　じょうずにできたよ　→　3こすすむ」

「おさるさんがさむくてストーブにあたっているよ　→　1かいやすむ」

「おおゆきでみんなたいへん　→　2こもどる」

といったように，写真と言葉に合ったマスの言葉を考えることができた。

できあがったすごろくはマスの言葉を考えながら，順番を考えて並べ，教師の用意した大型サイコロを使って楽しく遊ぶことができた。自分たちで作って楽しめたことで，新聞にも興味をもつことができた。

おもしろすごろくで遊んだよ

実践 3　2年 ● 音楽科〈①新聞制作〉

ようすをおもいうかべて新聞づくり
～『人形のゆめと目ざめ』をきいて～

学習目標

（1）場面や様子を想像しながら，楽曲の雰囲気にふさわしい動きを工夫して楽しんで聴くことができる。
（2）速度や強弱，拍の流れを聴き取り，それらの働きが生み出すよさや面白さを感じ取りながら聴くことができる。
（3）楽曲から想像したことや感じ取ったことに見出しをつけ，場面ごとの音楽の特徴をとらえ，音楽を味わって聴くことができる。

学習内容・指導計画（4時間）

（1）場面ごとに曲の特徴の違いを聴き取る。・・・・・・・・・・・・・・・1時間
（2）曲想を感じ取り，場面ごとにお話を作る。・・・・・・・・・・・・・1時間
（3）場面ごとに見出しをつけ，新聞にまとめる。・・・・・・・・・・・2時間

NIE の視点

　本教材は自由な構成による標題音楽で，4分の3拍子による「子もりうた～人形のねむり」，4分の4拍子による「人形のゆめ～人形の目ざめ」，4分の2拍子による「人形のおどり」の3つの部分からなる。場面ごとに音楽を形づくっている要素を自然に感じることができ，楽しみながら鑑賞活動に取り組むことができる。

　指導にあたって，まず，楽曲のはじめの印象を場面ごとに「曲の印象を表す短い言葉」で表し，なぜそのように感じたのかを「音楽を形づくっている要素」（音色，速度，旋律，強弱）と結びつけながら考え，楽曲の特徴の違いを聴き取る。次に，聴き取った特徴をもとに曲想を感じ取り，それらを交流しながら「お話」に表すことによって深めていく。最後に，「お話」をもとに場面ごとに見出しをつけて新聞にまとめる。これらの学習活動を通して，NIE の実践を取り入れながら，子どもたちは音楽のよさや特徴を感じ取り，味わって音楽を聴くことができるようになると考える。

授業の実際（3／4・4／4）

〈場面ごとに見出しをつけよう〉（3／4）
①呼吸法と発声練習をし，既習曲を歌う。
②楽曲を聴いて，前時に作ったお話を振り返る。
③場面ごとに楽曲を聴いて，見出しをつける。
④自分のつけた見出しや，友達のつけた見出しを確認
　しながら楽曲全体を聴く。

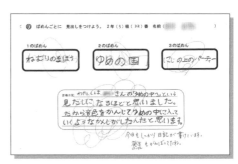

場面ごとに見出しをつけたよ

〈場面ごとに作ったお話と見出しを使って新聞にまとめよう〉（4／4）
①呼吸法と発声練習をし，既習曲を歌う。
②場面ごとに作ったお話と見出しを使って新聞にまとめる。
③作った新聞を読み合う。

 子どもの姿と成果

　まずはじめに，2学期に作成した町たんけん新聞を用いて見出しのつけ方を思い出した。「見出し」がわかりにくい子どもには，「題」を考えるように助言したところ，どの子どもも自分の作ったお話をもとにして，場面ごとに見出しをつけることができた。
　できた見出しは，ペアで伝え合う活動をした。

「わたしは〜というお話を考えたので，はじめの場面は『おやすみなさい』にしました」
といったように，話型を提示することで，わかりやすく伝え合うことができた。
　新聞は，場面ごとに作ったお話と見出しを使ってまとめた。挿絵を入れるなど工夫して取り組むことができた。音楽日記はコラム的に使った。

できあがった新聞

新聞にまとめたよ

わたしはかんしょうしたことを「ゆめのものがたり新聞」にまとめました。お話には「ねむりのまほう」「ゆめの国」「にじの上のパーティー」という見出しをつけて，お話にあったえも書きました。曲のようすをまとめることが，楽しかったです。　　　（2年児童・授業の振り返りより）

実践 ④ 2年●国語科〈②新聞活用〉

みんなで楽しく文づくり
~新聞で見つけたかたかなをつかって~

学習目標

（1）かたかなを使って，「何が」「どうする」が整った文を書くことができる。
（2）どんな言葉をかたかなで書くのかを知り，文の中で使うことができる。

学習内容・指導計画（4時間）

（1）かたかなで書く言葉をたくさん見つける。・・・・・・・・・・・・・・・・・・・・・・・・・1時間
（2）かたかなを正しく書く練習をする。・・・・・・・・・・・・・・・・・・・・・・・・・・・・・・・1時間
（3）かたかなで書く言葉を使って文を作る。・・・・・・・・・・・・・・・・・・・・・・・・・・1時間
（4）新聞から見つけたかたかなで書く言葉を使って文を作る。・・・・・・・・・・・1時間

NIEの視点

　本単元は，かたかなで書く言葉にはどのような種類があるのかを知り，文の中で正しく使うことをねらいとしている。かたかなの使い方を指導する前提として，どのような言葉が外来語や外国の固有名詞であり，どのような言葉が擬声語であるかといった語彙の種類について意識させたい。そして，正しいかたかなの使い方を身につけるとともに，かたかな表記が数多く使用されている新聞を用いることで，かたかなについての興味・関心を，より高めていけるようにしたい。

授業の実際（4／4）

〈新聞から見つけたかたかなで書く言葉を使って文を作ろう〉
①かたかなで書く言葉を確認する。
　　・どうぶつの鳴き声
　　・いろいろなものの音
　　・外国からきた言葉
　　・外国の，国・土地・人の名前
②新聞からかたかなを見つけ，赤鉛筆で線を引く。

③見つけたかたかなを発表する。
④見つけたかたかなの中から自分の好きなものを選んで文を作る。
⑤作った文を発表する。

子どもの姿と成果

中日新聞ジュニア中日　平成29年1月15日
※「かたかな見つけ」を行うにあたり、「うごけ！アタマ」「図書室」のコーナーは除くよう指示した。

　使用した新聞は、2年生が読むことができるように、中日新聞の日曜日に掲載されているジュニア中日である。このページは漢字にふりがながふってあるため、2年生にも読むことができると考えた。

　子どもたちは新聞を手に、意欲的にかたかな探しをすることができた。見つけたかたかなは子どもの発言を分類しながら板書した。

　文づくりでは、例文を提示し、主語と述語を意識して文づくりを行った。また、「アクセル」「ハンドル」といった児童になじみのないかたかなも少なくなかったため、意味のわからない言葉は、辞書で調べてもよいことを伝えた。

　ワークシートに4つの文を書くように欄を用意したが、ほとんどの子どもが4つ以上の文を作ることができた。

~児童作品~
わたしはヨーグルトを毎日食べるように心がけている。
わたしはゼリーとホットケーキをたべたことがある。
わたしはカップにホットドリンクを入れてのんだ。
わたしはギッギッという音がきらいだ。

かたかながいっぱい
　新聞から、かたかなを見つけたらいっぱいあってびっくりしました。二つのかたかなを入れて文をつくるのはむずかしいかなと思ったけれど、やってみたらできました。（2年児童・授業の振り返りより）

実践 5　2年●国語科〈②新聞活用〉

めざせ！四コマせりふ名人
～絵を見てお話をそうぞうしよう～

学習目標

（1）絵を見て，どんな場面なのか，想像を広げてお話を作ることができる。
（2）友達の作った作品を見て，作品のよさや面白さを味わうことができる。

学習内容・指導計画（2時間）

（1）新聞四コママンガのせりふを考え，お話を作る。・・・・・・・・・・・・・・・・・・1時間
（2）友達の作ったお話を読み合い，面白かったところを伝え合う。・・・・・・・・・・・・・・・・・1時間

NIEの視点

　本単元は，絵を見て想像してお話を作る単元である。子どもたちは既に教科書に載っている3枚の絵を使って，お話を作る活動を行っている。本時では，その発展学習として新聞の四コママンガを使って，お話づくりに取り組むことにした。
　2年生の子どもたちにとっては，新聞は大人が読むものであり，あまりなじみがないものであるが，四コママンガを扱うことで，新聞に親しむことができたらと考えた。

授業の実際（1／2）

〈新聞四コママンガのせりふを考えよう〉
①新聞に四コママンガがあることを知る。
②新聞の四コママンガのせりふを考える。
③できた作品をグループで読み合い，面白かったところを付箋紙に書いて伝える。

四コマせりふ名人に挑戦中！

子どもの姿と成果

　子どもたちはお話づくりを既に体験していたため，楽しんでお話づくりに取り組むことができた。また，使用する四コママンガは5種類用意し，自分の好きなマンガを使って作品づくり

を行った。子どもたちの中には，一つの作品だけでなく，次から次へ作品づくりに取り組んでいる子もいた。できあがった作品は，グループで読み合い，面白かったところや感想を付箋紙に書いて渡した。次時は，グループの代表作品を選び，教材提示器を用いてクラスみんなに紹介した。

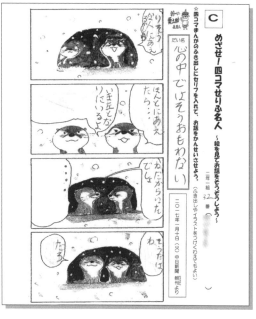

できあがった作品
中日新聞　平成28年12月12日夕刊，平成28年12月20日夕刊，
　　　　　平成29年1月10日朝刊，平成29年2月3日朝刊

西端小 NIEカリキュラム 第3学年

教科・領域		4月	5月	6月	7月	8月	9月	10月	11月	12月	1月	2月	3月
	国語			②《新聞記事を読もう》 新聞記事を読んで感想を書く									
	社会			②《市のようす》 市についての記事を読み 碧南市の様子について知る					③《店で働く人》 広告の役割について考える				
	総合	①②③《新聞切り抜き作品に挑戦しよう》 ・新聞切り抜き作品を知る ・新聞の読み方・見方を知る ・写真や見出しから興味のある記事を切り抜く （記事を集める）				②《健康な体をつくろう〜自分の歯を１００歳まで〜》 新聞記事からクイズをつくる → 資料6 (p.38)		・テーマを決める ・作品を仕上げる ・記事の選別をする ・題、見出しを考える ・レイアウトを考える					
	道徳			②《いっしょに読もう！新聞コンクール》 新聞記事を読み、感想を書く			②《78円の命》 新聞記事を使い、動物の命について話し合う → 資料7 (p.40) 《生命の尊重》			②《たった一つしかない命》 災害の記事を通して、自分の大切な命について考える 《生命の尊重》			
新聞を読む日		・新聞記事を読む ・新聞クイズを解く ・感想を書く											

〈目標〉新聞を知ろう・学ぼう

西端小　NIEカリキュラム　第4学年

〈目標〉新聞を知ろう・学ぼう

教科・領域	4月	5月	6月	7月	8月	9月	10月	11月	12月	1月	2月	3月
国語				①③〈みんなで新聞をつくろう〉 新聞には、どのような工夫があるかを考え、自分たちで新聞をつくる						②〈見出しを考えよう〉 新聞記事を読んで見出しを考える →資料⑧(p.42)		
社会			②〈住みよいくらし〉 水環境やゴミ問題の記事を読み自分の考えをまとめる						②〈わたしたちの県〉 新聞記事からどこの県の記事なのか調べる ・地名ビンゴ→資料⑨(p.44)			
総合	①②③〈新聞切り抜き作品に挑戦しよう〉 ・新聞の読み方・見方を知る ・写真や見出しから興味のある記事を切り抜く ・記事の感想の書き方を学習する		②〈いっしょに読もう！新聞コンクール〉 新聞記事を読み、感想を書く	・テーマを決める ・記事を集める		・作品を仕上げる ・記事の選別をする ・題、見出しを考える ・レイアウトを考える						
道徳				①〈1/2成人式をしよう〉 生まれてから今までを新聞にする		②〈きっとできる〉 新聞記事を使い、目標に向かって努力することを話し合う 《勤勉・努力》				②〈メッセージを送ろう〜原発いじめから考えよう〜〉→資料⑩(p.46) 福島原発の記事を通して命について考える 《生命の尊重》		
新聞を読む日	・新聞記事を読む ・新聞クイズを解く ・感想を書く											・新聞クイズを作る ・新聞視写を行う

実践 **6**　3年●総合的な学習の時間〈②新聞活用〉

新聞からクイズをつくろう
~自分の歯を100歳まで~

学習目標

（1）新聞を読み，新聞記事からわかったことをクイズにすることができる。
（2）作ったクイズを友達で交流し合い，楽しむことができる。

学習内容・指導計画（2時間）

（1）新聞を読み，新聞記事からクイズを作る。・・・・・・・・・・・・・・・・・・・・・・・・ 1時間
（2）作ったクイズで友達と交流する。・・・・・・・・・・・・・・・・・・・・・・・・・・・・・ 1時間

NIEの視点

　本単元は，「健康な体をつくろう~自分の歯を100歳まで~」というテーマのもと，自分の生活を支える食生活に欠かせない歯を生涯大切にできる子どもを育てることを目標にしている。
　本時では，中日新聞サンデー版大図解「見直そう!!　歯と口の健康」（No.660，2004年11月28日）を使って作ったクイズを，友達と出し合い，答えることに取り組む。3年生から行っている「全校新聞を読む日」では，新聞記事を使ったワークシートを読む活動を行っている。ワークシートには三択問題が載っており，答え合わせをするときには，正解して大きな声で喜ぶ子どもも多くおり，子どもたちは「全校新聞を読む日」に楽しく取り組んでいる。また，ワークシートに載っているクイズに加え，自分でクイズを作ることにも挑戦し，新聞クイズを作って解く楽しさにも触れている。新聞記事の中からクイズを作ることに苦戦をしている子どももいるが，クイズを作るために新聞を何度も読み返すことで，理解が深まっているように感じる。
　これらのことから，子どもたちが楽しく取り組むことができるクイズづくりに挑戦することで，新聞記事に親しみながら歯の学習を深めることができると考える。そして，今後の歯の学習へつなげて，生涯自分の歯を大切にすることができるよう，学習を進めるための一歩としたい。

授業の実際

①新聞記事の中から，クイズにする記事を決める（前時）。

新聞クイズに挑戦

記事からクイズを作り，四つ切り画用紙に書き写す。
②友達とクイズを出し合う。
③クラスの友達にもクイズを出す。

子どもの姿と成果

　子どもたちは毎週水曜日の「全校新聞を読む日」で新聞クイズに挑戦しているため，自分たちでクイズを作ることに意欲的に取り組むことができた。また，サンデー版大図解はイラストや図が豊富なので，興味をもって読むことができた。
　「人間の歯は一生で何回生えかわるでしょうか。A・B・Cの中から選んでください」「歯には神経がある。○か×か」「切歯のことを『かたいものを○○○○ねずみの歯』という」といったように，クイズの内容だけでなく，三択，○×，穴埋め等，クイズの出題形式も工夫することができた。クイズを出し合った後は，答えを記事の中から確認し合った。
　「大図解はカラーで図やイラストがたくさんあったので，クイズを作るのが楽しかった」
　「友達のクイズを解いてみて，歯のことがよくわかった」といった感想にあるように，楽しく学習できた。

中日新聞サンデー版大図解「見直そう!!　歯と口の健康」
(No.660，2004年11月28日)
※クイズづくりを行うに際し，3年生には難しい内容もあったため，下に示した4つの部分からクイズを作った。また，未習漢字にはふりがなをつけるなどの配慮をした。

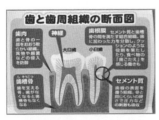

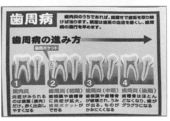

第2章　だれでもNIE―だれでもできる新聞学習―　39

実践 7　3年●道徳科〈②新聞活用〉

78円の命
~命について考えよう~

主題名

かけがえのない命　3-(1)　生命尊重

資料名

「命の価値　気づいて」（出典：中日新聞，平成28年2月6日夕刊）

NIEの視点

　本資料は，愛知県豊橋市に住む，当時小学6年生だった谷山千華さんが2012年に書いた作文「78円の命」を紹介した新聞記事である。猫の殺処分についての現実を小学生の素直な感性で描いた作文は，豊橋市の話し方大会で最優秀作品に選ばれ，その後同市の道徳の授業で扱われるなど，多くの人の目に触れる作品になった。
　記事の中に紹介されている谷山千華さんの作文を通して，捨て猫の処分について話し合うことで，生命あるものを大切にしようとする気持ちを高めさせたいと考えた。

授業の実際

①捨て猫がいたらどうしたらよいか話し合う。
②話し合いを通して感じたことや考えたことを発表する。
③新聞記事を読み，猫の命が78円であることを知る。
④新聞記事を読んで，感じたことや考えたことを発表する。

子どもの姿と成果

　授業ではまずはじめに，捨て猫がいたらどうしたらよいかをクラスで話し合った。家の人に隠れて飼う，好きな人を探すなど，様々な意見が出て，子どもたちからは結論が出せないままであった。話し合いの後，新聞記事を読んだ。捨て猫一匹が78円で処分されているという事実を新聞の作文から知り，どの子も驚きを隠せない様子であった。

「かわいい子ねこがほけん所でさつしょぶんされることを聞いて，ぼくはとてもかなしいです。命をもつせきにんは大きいことがわかりました」

「聞き終わったとき，心がズーンと重くなりました。ぼくはぜったいに生き物を捨てたりしたくありません」といった子どもたちの感想にあるように，命の大切さについて考えることができた。

中日新聞　平成28年2月6日夕刊

実践 **8** 4年 ● 国語科〈③新聞機能学習〉

見出しつけに挑戦！
～「ふつう」みんなちがうじゃん！～

学習目標

新聞記事が何を伝えたいかを読み取り，一言で言い表す見出しを考えることができる。

学習内容・指導計画

新聞記事を読み，見出しを考える。

NIEの視点

　見出しは新聞記事を構成する要素の中で，最も大切な要素の一つである。新聞を開いたとき，まずはじめに目にするのが見出しである。見出しは，記事の内容を一目で伝える，いわばタイトルである。短い言葉で読者を引きつけ，記事が読みたくなるようなものでなければならない。
　本時は，見出しを隠した記事を読み，その記事の見出しを考えるものである。見出しを考えることは，記事の内容を十分に読み取り，記事の中で一番先に伝えたいことを見つけ，要約する力をつけることになる。また，読者を引きつけるための工夫もなければならないということで，国語の様々な力をつけるために適していると考えた。

授業の実際

①本時のめあてを知る。
②記事を音読し，大事な言葉に線を引く。
③記事の内容を簡潔に表し，読み手の興味を引く見出しを考える。
④つけた見出しを発表する。
⑤見出しのつけ方で工夫したいことをまとめる。

子どもの姿と成果

　授業では愛知県の人権啓発ポスターについての新聞記事を取り上げた。この愛知県の人権啓発ポスターは「わたしの『ふつう』と，あなたの『ふつう』はちがう」という身近な会話を漫

画にして訴えたものである。校内にも掲示してあるため，子どもたちにとってはなじみのあるものである。そのため，新聞記事の内容にも興味をもって取り組むことができた。

見出しを考えながら，記事からカギになる言葉を見つけることや，10文字前後の言葉，体言止めなど，見出しをつける際の大切なポイント等も押さえることができた。

＊児童の考えた見出し＊
「本当だ みんなちがうじゃん！」「みんなちがっていい」
「わたしの『ふつう』あなたの『ふつう』」「一人一人のふつうを大切に」

中日新聞　平成28年12月3日夕刊
※授業では左のように見出しを消したものを使用した。

第2章　だれでもNIE―だれでもできる新聞学習―　43

実践 ⑨ 4年●社会科〈②新聞活用〉

地名ビンゴをしよう！
~新聞から地名を見つけよう~

学習目標

新聞記事から都道府県・市区町村を探すことができる。

学習内容・指導計画

新聞記事から都道府県・市区町村を探し、ビンゴゲームをする。

NIE の視点

単元「わたしたちの県」は、47都道府県の名称や位置と自分たちの市や県の地理的位置、全体的な地形や主な産業の概要、交通網の様子、県内の特色ある地域の人々の生活の様子、生活や産業と他地域や外国とのかかわりなどについて、地図帳などの資料を活用して調べ、人々の生活に見られる特色やよさを考えることで、自分の住む市や県に対する誇りと愛情がもてるようにする単元である。

新聞記事の中には、たくさんの地名が出てくる。そこで、新聞記事から地名を探し、子どもたちにもなじみのあるビンゴゲームを行うことで、都道府県名等の名称に親しみをもつだけでなく、その土地について関心をもつことができるのではないかと考えた。また、地名を探す中で、自然に新聞記事も読むことになり、地名だけでなく社会的事象への関心や理解を深めることもねらいとした。

授業の実際

①新聞記事の1面から都道府県・市区町村を探し、ビンゴカードに書き込む。
②教師が1面に載っている都道府県・市区町村名を読み上げ、ビンゴゲームを行う。
③読み上げた都道府県・市区町村名を新聞記事の中から確認する。

子どもの姿と成果

授業では、中日新聞の毎週日曜日に掲載されているジュニア中日をクラス全員分用意した。

ジュニア中日では漢字にふりがながついているため、地名を探しながら、4年生の子どもたちも新聞を読むことができた。また、都道府県だけでは地名の数が限られてしまうため、市区町村も含めることにした。

新聞を配ると、早速、地名を探し、新聞に印をつけていった。〇県・〇市・〇区・〇町・〇村に注目させることで、容易に地名を探すことができていた。見つけた地名の中から9つを選び、ビンゴカードに記入した。

ビンゴは教師が記事の中にある地名を読み上げることで行った。地名を読み上げるたびに、子どもたちからは歓声が上がっていた。全員が同じ新聞を使用しているため、読み上げた地名については、新聞のどこにあったかを確認していった。地図帳で場所を確認することで、都道府県をはじめとする地名の名称だけでなく、位置についても理解を深めることができた。また、新たに知る地名も少なくなかった。

今回は、単元のまとめとして授業を行ったが、本単元への関心をもたせるために、単元のはじめに行うことも有効である。

新聞から地名を探す

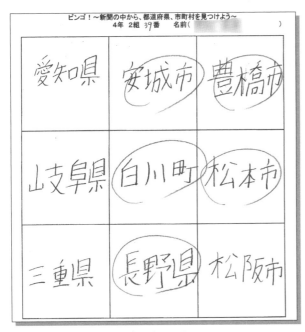
ビンゴカード

新聞には地名がいっぱい

新聞の中には、たくさんの都道府県や市町村がありました。今まで、新聞を読むときに、都道府県や市町村などはあまり気にしていなかったけれど、たくさんの地名があったことがわかり、いろいろな地域のことを記事にしているのだなと思いました。

わたしの見つけた地名は愛知県や岐阜県といった近くの場所が多かったです。鳴門市や岡谷市といった市は初めて知りました。わたしは1ビンゴでした。楽しかったので、またやりたいです。

（4年児童・授業の振り返りより）

実践 ⑩ 4年 ● 道徳科〈②新聞活用〉

メッセージを送ろう
～原発いじめから考えよう～

主題名

かけがえのない命　3-(1)　生命尊重

資料名

「つらくても自殺ダメ」（出典：中日新聞，平成29年3月9日朝刊）

NIEの視点

　本資料は，東京電力福島第一原発事故で福島県から横浜市に避難した中学1年の男子生徒のいじめ問題で，生徒が新たに公表した手記を紹介した新聞記事である。手記の中で，男子生徒は「つらいことがあっても自殺を考えないでください」などと，全国のいじめ被害者に呼びかけている。

　東日本大震災から6年がたったが，今もなお，東京電力福島第一原発事故の風評被害やいじめの問題が起きていることを知ることで，子どもたちにいじめについて考えさせたい。また，いじめから立ち直り，前向きに生きている男子生徒の姿からも，明るく前向きに生きることの大切さを学ばせたい。

授業の実際

①東日本大震災や東京電力福島第一原発事故について知る。
②新聞記事を読み，いじめから立ち直り，前向きに生きている男子生徒の姿から感じたことや考えたことを発表する。
③いじめを受けている福島の人たちにメッセージを書く。
④メッセージを発表し合う。

子どもの姿と成果

　授業ではまずはじめに，東日本大震災によって起きた東京電力福島第一原発事故の様子やい

じめについてのアンケート結果について子どもたちに知らせた。福島第一原発事故で避難した人たちの18％が自分や家族がいじめを受けており，44％が自分のまわりの人がいじめられているという事実やいじめの様子に，子どもたちは驚きを隠せない様子だった。その後，新聞記事を読み，感想を発表し合った。

「地震で被害にあった人をいじめるなんてひどいと思った。でも，この男子生徒が書いた文を読めば，自殺をする人も少なくなると思うから，この文はすごく大切な文だと思った」「福島の人たちはすごくがんばっているのにいじめをするなんてありえない。つらさを乗り越えて『今，楽しく生きている』と言っているこの人はすごく強い人だと思う」といった意見が多数出た。その後，「いじめを受けている福島の人たちにメッセージを書こう」と呼びかけた。子どもたちは，黙々とメッセージに取り組んでいた。

「一歩，一歩前向きに生きていってください。応援しています」「つらくても，新聞で紹介された男子生徒のように，自殺の前に他の方法を考えて，絶対に自殺なんてしないでください」といった応援のメッセージをどの子どもも書くことができた。いじめについて，命の大切さについて，考えることができた。

つらくても自殺ダメ

原発避難いじめ　横浜の中1 新たな手記

東京電力福島第一原発事故で福島県から横浜市に避難した中学一年の男子生徒（⑬）のいじめ問題で，生徒が八日，新たに手記を公表した。「つらいことがあっても自殺を考えないで下さい」などと，全国のいじめ被害者に呼び掛けている。

原発事故から六年となるのを前に，生徒は二月末に書き下ろした。弁護士による判断で大部分が黒塗りになっていた。本人と両親の希望で全文を公表した。

新たに明らかになった部分では，複数人からいじめ

られ「しえんぶっしをとられてむかつく」などと，つらい心情を書き並べていた。生徒側によると，五年時の暴力被害は，担任に訴えても対応してもらえなかった。さらに担任は生徒らをを指導する際に机をたたいたり，どなったりして，被災体験を思い出すとし五年の五月末から不登校になったという。手記では「学校も先生も大きらい」と，学校への不信感をあらわにしている。

いじめに加えて担任の態度が感情があらわになっている一部が公表された。昨年十一月に一部が公表された。また，小学六年時の手記も合わせて公表。

※表記は原文のまま

男子生徒の手記

今，一日一日前向きにいれば何とかなります。
だから，つらいことがあっても自殺を考えないで下さい。

もし自殺したら何があったかほかの人に伝える事も出来ない。それに今は学校に行きたくないなら，僕みたいにフリースクールみたいな場所

もあるから，そこに行って勉強するのもいいです。ゆっくり自分のペースでなれればいいです。

だから自殺は考えたらダメ。今，僕は楽しく生きています。

中日新聞　平成29年3月9日朝刊

西端小　NIEカリキュラム　第5学年

〈目標〉新聞を活用しよう

教科・領域	4月	5月	6月	7月	8月	9月	10月	11月	12月	1月	2月	3月
国語			③〈新聞記事を読み比べよう〉・新聞の仕組みを知る・書き手の意図を考えながら読む					③〈資料を生かして考えたことを書こう〉・新聞を活用して、意見のまとめ方を知る				
社会						②〈わたしたちの生活と工業生産〉新聞記事を資料として工業を考える		③〈情報化した社会とわたしたちの生活〉→ 巻末①(p.50)・新聞社の仕事を知る・新聞の働きを知る		①〈わたしたちの生活と環境〉森林新聞をつくる		
家庭科										②〈じょうずに使おうお金やもの〉広告で買い物にGO！→ 巻末⑫(p.54)		
図画工作						②〈たいせつなもの〉新聞記事を使った作品づくり				①〈油ヶ淵の環境を新聞にまとめよう〉環境新聞を作る		
総合		①〈みどりの学校で学ぼう〉・スローガンを旗にする・活動のまとめを新聞に書く				②〈環境を考えよう〉・テーマを決め、記事を集める・レイアウトを決める・新聞切り抜き作品を作る						
道徳			②〈いっしょに読もう！新聞コンクール〉新聞記事を読み、感想を書く			②〈巨大台風から日本を守れ〉災害の記事を通して、大切な命について話し合う〈郷土愛〉						
新聞を読む日	・新聞記事を読む・新聞クイズを解く・感想を書く									・新聞クイズを作る		・新聞視写を行う

西端小 NIEカリキュラム　第6学年

〈目標〉新聞を活用しよう

教科・領域	4月	5月	6月	7月	8月	9月	10月	11月	12月	1月	2月	3月
国語			③《新聞の投書を読んで意見を書こう》投書に挑戦する ➡︎ 準備⑭（p.58）					②《平和の俳句に挑戦》平和の俳句を詠み、投書する		②《報道を詠む》新聞写真を使って俳句を詠む		③《将来の夢や生き方について考えよう》投書に挑戦する
社会	②《調べよう 世界の中の日本》・新聞やニュースから個人の興味のある記事を切り抜く・テーマを探す								①②③《まとめよう 世界の中の日本》新聞切り抜き作品に挑戦する			②《世界の未来と日本の役割を考えよう》新聞を読み、世界情勢を知る
図画工作				②《頭の中は……》➡︎ 準備⑬（p.56）自画像に新聞をコラージュする								
総合			②《見つめよう 日本の文化》・修学旅行学習・世界遺産の新聞記事を探す	・修学旅行新聞を作る								
道徳			②《いっしょに読もう！新聞コンクール》新聞記事を読み、感想を書く			②《オリンピックから学ぼう》新聞記事を読み、協力することの大切さを学ぶ《信頼・協力》➡︎ 準備⑮（p.60）						
新聞を読む日	・新聞記事を読む　・新聞クイズを解く　・感想を書く									・新聞クイズを作る		・新聞視写を行う

第2章　だれでもNIE―だれでもできる新聞学習―

新聞社の役割
～新聞のひみつをさぐろう～

学習目標

　同一日の新聞で版が違うものを読み比べることで，最新の情報を伝えるための新聞社の努力や工夫に気づくことができる。

学習内容・指導計画（2時間）

（1）新聞社の役割を知る。・・・・・・・・・・・・・・・・・・・・・・・・・・・1時間
（2）最新の新聞記事を送るための新聞社の工夫を知る。・・・・・・・1時間

NIEの視点

　単元「情報化した社会とわたしたちの生活」の中で，子どもたちは，情報を得るツールとして，テレビ，ラジオ，新聞，インターネットなどがあることを学習し，情報が生活に大きく影響していることを学んできている。学習の中で，子どもたちの多くは，簡単に最新の情報を入手することができると思っており，情報を送る側が最新の情報を伝えるためにどのような努力・工夫を行っているのかを知らない子どもが多い。そのため，今回は，新聞社で働く人たちが最新の情報を伝えるために，同じ日の新聞でも配る地域によって，記事を変えたり，見出しを変えたりしていることに着目させる小単元を設定した。実際に同じ日に配られた朝刊（10版，12版）を見比べ，配られる地域によって記事や見出しが変わってくることを見つけながら，ぎりぎりの時間まで最新の情報を伝えようとする新聞記者の努力や工夫に気づかせることをねらいとしている。また，ゲストティーチャーとして新聞記者の方を招き，どうして版を変えているのか，そこにはどのような新聞づくりへの思いがあるのかを語っていただくことで，新聞社や新聞の役割についての理解を深めたい。

ゲストティーチャーの
新聞記者の方の話を聞く

授業の実際（1／2）

〈最新の新聞記事を送るための新聞社の工夫を知ろう〉
①同じ日に刷られた新聞（中日新聞10版と12版）をグルー

プで見比べる。違いを発見し，付箋紙に発見した違いを書き，貼っていく。
②同じ日に，違う新聞が配られるのはなぜか，グループで話し合い，予想する。
③予想したことをグループごとに発表する。
④なぜ，同じ日に違う新聞を作っているのか，新聞社の方に説明を聞く。

 子どもの姿と成果

　同じ日の新聞であっても記事の内容が違う新聞があることに，子どもたちは新鮮な驚きをもって，授業に取り組んでいた。また，新聞の違いを見つけるために，新聞を隅から隅まで真剣に読む姿が見られた。その中で，天気予報欄の時間の違いや新聞の左上に示されている版を示す数字の違いに気づくことができた。

　同じ日に違う新聞が配られる理由では，地域や距離，時間に注目するグループの意見に合わせて，地図を掲示し，それぞれの地域で印刷される時間が違うことを共通理解させた。

　ゲストティーチャーの新聞記者の方から，最新のニュースや地域に合ったニュースを届けるために記事を書き換えていることを説明していただき，改めて最新の新聞記事を送るための新聞社の工夫を知ることができた。

> 新聞を作っている人の努力
> 　新聞記者の方の話を聞いて，朝6時に新聞をとどけるために，いろいろ努力をしていることがよくわかりました。今まで，地域ごとに新聞の内容を変えていることは知らなかったので，同じ日の新聞でも地域によって違うことを知り，びっくりしました，地域の人に読んでもらうために，地域の話題を新聞に入れたり，読者の方に最新の情報を読んでもらうために新しい記事を書いたりしていることがわかりました。
> 　　　　　　　　　　　　　　　　　　　　　　　（5年児童・授業の振り返りより）

中日新聞　平成29年1月7日　10版

中日新聞　平成29年1月7日　12版

同一新聞・同一日で版の違う新聞を使って

中日新聞の記者の方に紹介していただいた新聞を使って，授業を行った。

中日新聞　平成29年1月21日　10版

天気予報の時間が10版では1月20日18時になっているけれど，11版では21時になっているね。トランプ大統領が写っている写真の日付も19日から20日に変わっているよ。

中日新聞　平成29年1月21日　11版

11版では「就任する」と書いてあったけれど、12版では「就任した」になっているよ。見出しも「就任へ」から「就任」に変わっている。

中日新聞　平成29年1月21日　12版

12版②では写真が就任式のときの写真になっているね。見出しも「『米国第一』呼び掛け」から「米国第一主義始まる」に変わっているよ。

中日新聞　平成29年1月21日　12版②

▶ わかった1分，1秒の差

　同じ日の新聞なのに，見出しが「就任へ」から「就任」に変わっていたり，写真がちがっていたりして，しょうげきてきでした。最新の情報を届けるために，1分，1秒でも記事を新しく書いていることがわかりました。
　このことを知って，もっと新聞を読みたくなりました。

（5年児童・授業の振り返りより）

第2章　だれでもNIE―だれでもできる新聞学習―　53

実践 12　5年●家庭科〈②新聞活用〉

広告で買い物にGO！
～じょうずに使おうお金やもの～

学習目標

目的に合った買い物の計画を考えたり，工夫したりすることができる。

学習内容・指導計画（2時間）

（1）目的にあった買い物の計画を立てる。・・・・・・・・・・・・・・・・・・・1時間
（2）計画によって買ったものをまとめる。・・・・・・・・・・・・・・・・・・・1時間

NIEの視点

　この単元は計画的に買い物をすることの大切さを学ぶものである。授業の中で，実際に買い物を体験することは難しい。そこで，新聞の折り込みチラシを使うことで，子どもたちがバーチャル買い物を体験することができ，買い物の計画や工夫を行うことができると考えた。

授業の実際

　「グループでホームパーティーを計画しよう」と子どもたちに投げかけ，折り込みチラシを数枚ずつ，お店と称して与えた。パーティーの予算は10000円，大人5人，子ども5人が楽しめるものという条件のもと，子どもたちはチラシを見ながら，電卓を手に，「焼き肉パーティー」や「すき焼きパーティー」など，自分のグループの考えたパーティーにふさわしい食材をチラシから切り取り，バーチャル買い物を楽しんでいた。

子どもの姿と成果

　「お菓子はおつまみにもなるものにしました」「大人にはビールを，子どもにはジュースを買いました」「ちょうど10000円の買い物ができました」等，それぞれ工夫をしながら，バーチャル買い物を楽しむことができた。

広告を見比べて買い物中

私たちは超 Meat パーティーをするための買い物をしました。しゃぶしゃぶ，すき焼きのごうかなパーティーです。安いものをいっぱい買って，できるだけたくさんの食品を買いました。ずわいがにのつめもおいしそうだったので，買いました。
　大人も子どもも楽しくパーティーできるように大人には柿の種やビール，子どもには甘いお菓子やジュースを買うなど，工夫をしました。
　人数が10人ととても多いので，肉やデザートもたくさん買いました。値段は9915円でした。よい買い物ができました。

　私たちはお正月パーティーのための買い物をしました。メインメニューはおせちりょうりです。子どものために寿司も買いました。食事の後に，甘いものを食べるように，お菓子やくだものやアイスを買いました。
　みんなが楽しめるように安いものをいっぱい買いました。合計は9914円です。

実践 13 6年 ● 図画工作科〈②新聞活用〉

頭の中は……

学習目標

（1）「心が動いた場面，記事」から，自画像として表現することに思いを深めることができる。
（2）新聞の記事から想像を広げ，作品の構想を練ることができる。
（3）既習の描画材や技法と組み合わせながら，新聞紙としての表情を生かして自画像として表現できる。
（4）友達のテーマへの思いを感じ取り，表現としてのよさを味わうことができる。

学習内容・指導計画（11時間）

（1）「心が動いたこと」からイメージをふくらませる。・・・・・・・・・・・・・・・・・・・・・・・・・・・1時間
（2）新聞を使い，材料集めをする。・・・1時間
（3）心が動いた瞬間の自分を書く。・・3時間
（4）自分の描きたいイメージを大切にしながら，工夫して作品に表す。・・・・・・・・・・・5時間
（5）友達の表し方のよさや工夫を味わう。・・・・・・・・・・・・・・・・・・・・・・・・・・・・・・・・・・・・1時間

NIE の視点

　本題材は，「心が動いたこと」からイメージを広げ，作品に表すものである。子どもたちの多様な感じ方の違いに気づき，互いの意見を認め合うこと，また思いを作品に込めることをねらいとしている。
　新聞記事からテーマに合った記事を切り抜き，自画像に添える。その際，それぞれのイメージに合った描画材料を使ったり，表現方法を考えさせたりする。作業の中で新聞を画材としてどう活用するかということにも注目させたい。友達と関わりながら制作し，表現の工夫を取り入れることで，発想や構想を繰り返しながら作ることの楽しさを味わわせたい。
　また，子どもたちは前年に自画像を経験している。これまで身につけた技能を制作に生かし，その自画像と新聞などの材料を工夫して使えるようにしたい。

授業の実際（7／11）

〈自分の描きたいイメージを大切にしながら，工夫して作品に表そう〉

①新聞の加工の仕方（パンチで穴をあける・じゃばらにし，立体的にする・切り方を工夫する等）を知る。
②加工した新聞を作品のどこに取り入れられそうかを考える。
③知った活用方法を自分の作品にいかす。

コラージュを楽しむ子ども

　子どもたちの多様な表現に対応できるように，カッターナイフや様々な切り口になるハサミなどの描画材料を幅広く準備しておき，自由に使用できるようにする。

④制作途中の作品の中から，子どもの意見として出てこなかった構成方法や技法などよいアイディアを取り入れているものを紹介する。

　友達の表現方法を知り，自分の作品に生かすことができるものはないかを考える。

児童作品「輝く発想
～ポジティブ脳内図～」

子どもの姿と成果

　本実践は，心が動いた記事を切り抜き，心が動いた瞬間の自画像の中にコラージュさせ，自分自身の「頭の中」を表現し，作品に表すものである。

　子どもたちは切り抜いた新聞記事を，既習の描画材料や技法と組み合わせながら，新聞紙としての表情を生かして，自画像として表現した。児童Aはイスラム国テロ事件関連の新聞記事を，涙を流している自画像の周りに貼り「止まらぬ涙」とした。また，児童Bは女子サッカー日本代表活躍の写真や「なでしこ8強進出」「エース大儀見決勝点」といった見出しを，にこやかな自画像の周りに貼り「うれしい自分」とした。

　「絵と新聞の組み合わせがおもしろい。難しい記事もあるけれど，探しているうちに夢中になった」（児童C）「『平和の青　世界は一つ』という記事がいいなと思ったので，他の記事や写真も青みがかったもので統一した」（児童D）等，作業の中で新聞を画材として活用することに，意欲的に取り組むことができた。

中日新聞　平成27年8月31日

実践 14　6年●国語科〈③新聞機能学習〉

投書に挑戦！
～新聞の投書を読んで意見を書こう～

学習目標

（1）新聞の投書を読んで，書き手の意見や主張を読み取ることができる。
（2）読み手を説得するための工夫を考え，投書を書くことができる。

学習内容・指導計画（3時間）

（1）新聞の投書を読んで，書き手の意見や主張を読み取る。････1時間
（2）読み手を説得するための工夫を考え，投書を書く。･･･････2時間

NIEの視点

　国語科「新聞の投書を読み比べよう」（東京書籍）で，新聞の投書について学習した後，実際に意見文を書き，新聞への投書に挑戦した。

　新聞の投書欄には，小学生・中学生・高校生の投書がしばしば掲載されている。意見文を書き，それを投書することは，読み手を説得するための理由づけの仕方や根拠の挙げ方を工夫したり，決められた字数にまとめたりする等，自分の意見や考えをまとめる上で大変有効である。また，投書が新聞に掲載されることも書くための意欲を高めることにつながっていくと考える。

子どもの姿と成果

　はじめは難しいと感じていた子どもも，意見文は，日頃の生活の中で経験したことや感じたことを600字程度という短い文章にまとめることを理解し，自分の考えを書くことができた。書いた意見文を実際に投書し，新聞に掲載されることで，大きな達成感を味わうことができた。

「努力むくわれる」信じて

児玉　実咲　小学生
（愛知県碧南市）12歳

　あるテレビ番組で，相手のスポーツ選手にかなわないといわれていた人が必死に努力をし，その選手に勝ちました。その努力はとてもすばらしいなと思いました。
　この番組を見て，私も勉強やスポーツでいっぱい努力しました。そうしたら，テストでたくさん百点満点をとれました。スポーツでも勝てなかった相手に勝つことができました。
　実は，私もその一人です。「努力は必ずむくわれる」という言葉を知っていますか。私はこの言葉が大好きです。この言葉のとおり，努力はむくわれるからです。
　いくら才能があったとしても，努力をしなければ才能がむだになっていきます。でも，世の中には努力などしても意味がないと思っている人がたくさんいます。
　これからも，あきらめずに努力を続けたいです。

中日新聞　平成28年7月11日

新聞に意見が掲載

私は国語の授業で意見文の勉強をしたあと,自分でも意見文を書いて新聞に投書しました。

最初は,自分の思っていることを新聞に投書するなんて難しいと思っていましたが,先生が,「自分が経験したことを書くと,書きやすいよ。」と教えてくれたので,経験したことを思い出しながら自分の考えを書いたら,すらすら書けました。書いているうちに自分の意見や主張したいことがたくさん出てきて,原稿用紙におさまるか不安になってくるくらいでした。発表とちがい,文章に書くことでふだん人に言えないこともおもいきって書けました。

そして,私の意見文は「『努力むくわれる』信じて」という題で新聞にのったので,びっくりしました。私の意見が新聞を読んでいる人たちに伝わったと思うと,とてもうれしかったです。

(6年児童・感想)

頼りになる最上級生に

杉浦 叶汰 (愛知県碧南市) 小学生 11歳

ぼくが小学三年生の時,忘れられない出来事があった。当時六年生の人と自転車でしょう突してしまったのだ。

三年生になったぼくは,自転車で家の近くをぐるぐる回っていた。少し遠くへ行きたくなり,コンビニに向かった。

仲の良かった六年生の人がついてきてくれたのだが,帰り道でぼくがよそ見をして,自転車が六年生の人に引っかかり,二人とも転んでしまった。

その時,ぼくは申し訳ない気持ちでいっぱいだった。しかし,その人は「ごめんな」と謝ってきた。ぼくが悪いのに,さらに申し訳なく思った。

その人は「もうちょっとで家だから,がんばれ」なんて,なぐさめてくれた。すごく安心した。しかし,あの人の左脚の傷は忘れないでいる。

今は,ぼくも同じ六年生。もしも小さい子がけがをしたり,困っていたりしたら,あの時の自分のように安心させられるような人になりたいのだと思う。日頃から下級生の子にやさしくしてあげたいと思っている。

中日新聞 平成28年7月8日

金管クラブ 教える番に

高須 心海 (愛知県碧南市) 小学生 11歳

私は,学校の金管クラブの一員として練習をがんばっています。四年生の時から金管クラブを始め,オーディションで楽器を決めました。一年間,せいいっぱい練習をしました。六年生になり,一番上の先輩として四,五年生の小学校で一番の金管クラブになりたいです。

まず最初にやるのはマウスピースで音がちゃんと吹けるかでした。私は,たくさん練習しました。オーディションで私の番になり,いきおいよく「ブー」と音を出しました。結果は次週発表で「楽しみだな。はやく来週にならないかな」と待ちました。

発表があり,私はアルトホルンという楽器に決まりました。

私は,たくさん練習している生におしえてあげています。練習しながら,四年生のことだけではなく,みんなのことも考えなければいけません。日本の

中日新聞 平成28年7月13日

夢は美容師 皆を笑顔に

樅山 もえ (愛知県碧南市) 小学生 11歳

私は将来美容師になりたい。それはお母さんの影響だ。

私のお母さんは美容師だった。前はたくさんの人のかみを切っていた。でも,私の姉が生まれる前にやめてしまった。私は美容師になる免許を取ってお店で働き,お母さんのようにたくさんの人を笑顔にしたいことだ。

私はお母さんがかみをセットしてあげたみたいな。私のお母さんのかみもれぞれちがう夢だけど,みんな同じことがある。

私は夢を持つことがとても大切だと思う。みんなそれぞれちがう夢だけど,みんな同じことがある。それは,だれかのためにがんばるということと,だれかに何かをあたえることをうけて夢を持つということだ。

いつかお母さんのかみも切ってあげたいな。かみを切ってあげたいな。そめてあげたいな。

私もお母さんのように,すてきな夢を人に与えられる美容師になりたい。

中日新聞 平成28年7月16日

新聞に掲載されニッコリ

実践 15 6年 ● 道徳科 〈②新聞活用〉
リオオリンピックから学ぶ
～協力し合って目標に挑戦しよう～

主題名

協力し合って目標に挑戦しよう　2−(3)　信頼・協力

資料名

「『走力で勝ち取った』銀」（出典：中日新聞，平成28年8月21日）

NIEの視点

　本資料は，リオデジャネイロオリンピックの陸上男子400mリレーで，個人記録で10秒台しかいない日本チームの選手たちが，他の強豪チームをおさえ銀メダルを獲得した記事である。この記事から，4人の選手それぞれのオリンピックやリレーに対する思いを読み取ることができる。また，日本チームのすばらしさを称えたジャマイカのウサイン・ボルト選手の試合後の取材記事からも，日本のチームワークの強さ，すばらしさを感じ取ることができる資料である。
　子どもたちには，日本チームの選手たちがリレーでの銀メダル獲得という結果から，仲間と力を合わせて勝利するという目標に挑戦する強い心を通して，仲間への信頼・協力について考えさせたい。

授業の実際

①リオオリンピックで印象に残っていることを発表する。
②資料1を読み，個人で勝てなかった日本チームが銀メダルをとることができた理由を考える。
③資料2を読み，日本チームの強さの秘密を考える。
④学校生活の中で自分が協力できることは何かを考える。

子どもの姿と成果

　リオオリンピックの男子400mリレーの快挙は，子どもたちにとっても印象強いものであったため，資料を提示したときから，興味をもって取り組むことができた。

リレーで勝つためにはチームの練習よりも個々の走力アップのための練習に取り組んだ方がよいのではないか，という教師からの問いには「この仲間で400mリレーを勝ちたかったから」「個々の走力をアップすることよりもバトンパスによるチーム力をあげる方がよいから」「バトンパスは日本チームが先輩から受け継いできたものだから」等，新聞記事を通して，改めてリレー選手の400mリレーにかける思いや仲間との信頼関係について考えることができた。

資料1　中日新聞　平成28年8月21日

ボルト、ガトリンが評価

　男子400㍍リレーで日本が銀メダルを獲得したことについて、金メダルのジャマイカのアンカー、ウサイン・ボルトや、0秒02差で3着でゴールしたものの失格となった米国の100㍍銀メダリスト、ジャスティン・ガトリンは「気をつけなければいけないチームだった」と口をそろえた。

　ボルトは「日本はチームワークがいい。このバトンパスに集中して練習している。一年中一緒にレースするからチームワークもよくなるんだろうね」と述べた。我々よりはるかにたくさんの練習をしていて、チームメートを信頼しているのも分かる」と感心した。

　ガトリンも予選の日本のレースを振り返り「いい走りだった。みんな若く、準備万端で強くなっているのを見るとは予想していなかった」と驚いた。

　カナダの100㍍銅メダリスト、アンドレ・デグラッセは日本に祝意を示しつつも「彼らが2位の表彰台に上がるのを見るとは予想していなかった」と驚いた。

　ボルトは記者会見で日本の銀は驚きかと問われて「予選から見て準備万端で強くなっていると」評価。バトンパスのミスで失格した米国は「バトン受け渡しでリレーゾーンを越えたとして失格」

【石原聖】

資料2

資料3　※掲示資料

実践 **16** 特別支援 ● 国語科〈①新聞制作〉

にこにこスマイル新聞を作ろう

学習目標

（1）インタビューをすることで，コミュニケーションの基本となる，相手を意識して話す・聞くことができる。
（2）年間を通して繰り返しインタビュー活動をすることで，コミュニケーション能力を伸ばすことができる。
（3）支援グッズを活用することで，意欲的に活動に取り組むことができる。

学習内容・指導計画（24時間）

1学期号を作ろう（8時間）	6月 7月	1　新聞記者になろう 　　・インタビューの流れ 　　・新聞記者ごっこ 2　1年生に取材をしよう 　　・すきなものをインタビュー 3　パソコンで記事を書こう 　　・枠の中に文を入力 4　新聞を配達しよう	年間を通して同じ流れで繰り返し少しずつ	・1年生に ・1つ質問 ・簡単な答え ・ついたて使用
2学期号を作ろう（8時間）	10月 11月 12月	1　2学期号を作ろう 2　1年生に取材をしよう 　　・合同運動会についてインタビュー 　　・造形展やハロウィンパーティーについてインタビュー 3　パソコンで記事を書こう 　　・レイアウト 　　・写真の挿入 4　新聞を配達しよう		・1年生に ・2つ質問 ・気持ちや感想 ・ついたて使用

3学期号を作ろう（8時間）	2月 3月	1　3学期号を作ろう 2　取材をしよう 　・即売会についてインタビューやアンケート 3　パソコンで記事を書こう 　・レイアウト 　・写真の挿入 4　新聞を配達しよう 5　手紙をもらったよ 　・読者からの手紙を読む	ステップアップ	・先生や保護者に ・複数質問 ・ついたてなし

NIEの視点

　本校では，3年生から朝の読書の時間に新聞記事を読む活動を取り入れている。本学級の子どもたちも，毎週水曜日の「全校新聞を読む日」に新聞記事を読んでクイズに答えたり，新聞切り抜き作品コンクールに取り組んだり，即売会に向けて新聞エコバッグを作ったりして，新聞に触れる機会が多い。そこで，本学級でも新聞を発行することにし，読んだ人が笑顔になれるように，新聞の名前を「にこにこスマイル新聞」と名付けた。

　繰り返しインタビュー活動をするために，新聞は毎学期発行する。1学期は，1年生を紹介するための新聞として，好きな食べ物など一言で答えられる内容をインタビューする。2学期には，運動会などの行事の記事を書くため，感想を聞いたり，複数の質問をしたりする。3学期には，インタビューの対象を他クラスの子どもや大人へと広げていく。

　また，インタビューをしたことをもとにパソコンで新聞を作り，1年生や保護者，教師などに読んでもらうことも，子どもたちにとって大きな喜びであり，インタビュー活動への意欲を高める要因になると考える。

授業の実際

〈新聞記者になって1年生に好きなものを聞いてみよう〉　6月
①インタビューをするときにどんなことを言えばよいのか確認する。
　「こんにちは」「ありがとうございました」
　「にこにこスマイル新聞の○○です」
②上級生同士でインタビューの練習をする。
③ついたてを使って，1年生3人にインタビューをする。
④参観している先生方にもインタビューをする。
⑤インタビューをもとに，パソコンで新聞を作成する。

子どもの姿と成果

〈新聞記者になって1年生に好きなものを聞いてみよう〉6月

　子どもたちにとって初めてのインタビュー活動なので，インタビューの流れを確認するとともに，ついたての上部にインタビューの流れを掲示し，必要なときには子どもたちが自分で確認できるようにした。

　インタビューの内容は，入学したばかりの1年生を紹介する新聞を作ろうということで，「好きな乗り物」(2年A児)「好きな遊び」(3年B児)「好きな食べ物」(5年C児)「好きな教科」(5年D児)に決まった。

　上級生同士でインタビューの練習をした後に，ついたてを使って，1年生3人にインタビューをした。ついたてを間にはさんでいるので適度な距離があり，日頃はあまり口を動かさずに話すために聞き取りにくい5年D児も，はっきりと話すことができていた。インタビューは上級生が順番に一人ずつ1年生を呼んで行うので，初めてインタビューを受ける1年生も，前の子のやり方を見て繰り返し話すことができ，落ち着いて答えることができた。授業の終わりに，「参観している先生方にもインタビューをしてみよう」と上級生に提案すると，4人とも躊躇することなくメモ帳と鉛筆を持ってインタビューをし，聞いてきたことをうれしそうに教えてくれた。子どもたちにとってインタビュー活動はとても楽しかったようだ。

ついたてをはさんでインタビュー

　新聞づくりはパソコン室で行い，「キューブきっず」の「新聞」ソフトを使用した。これまでも「キューブきっず」を使用しているので操作には慣れているが，新聞づくりは初めてなので，1学期号は，担任がレイアウトを決めて事前に顔写真を挿入しておき，子どもたちは，顔写真挿入済みの記事ボックスに文章を入力した。

〈即売会についてインタビューしよう〉3月

　4回目は，2月に碧南市の小中学校が合同で行った特別支援合同即売会について新聞を作成した。児童は，1年生，来てくれた先生，保護者とインタビューする相手を替えて，新聞づくりに挑戦した。

にこにこスマイル新聞1学期号

保護者に聞くことにしたD児は、インタビューではなく、質問用紙を作って書いてもらうことにし、売り切れていた商品も聞き、よく売れるものを調べることもできた。5年C児は、「即売会後のごほうび会で行った明石公園で一番楽しかったこととそのときの気持ち」をインタビューすることにした。今までと同じパターンの質問だったが、質問に慣れてきていたため、相手の顔や様子を見て聞くことができた。

今回1年生は、インタビューを受ける練習をしなかったため、答えを考える間があったり、自信がなく小さな声になってしまったりすることもあったが、インタビューをする上級生に余裕があったため、「大きな声で言ってください」「もう一度言ってください」と聞きなおすことができるなど、成長を感じることができた。

にこにこスマイル新聞3学期号

2学期号・3学期号は、写真やレイアウトも子どもたちが考えて新聞を作った。1学期号に比べて2学期号・3学期号はかなり文章量が多くなったが、子どもたちはメモ帳を見て思い出しながら完成させることができた。

子どもたちは完成した新聞を見て達成感を味わい、家族や先生に配達した。家族や先生からは「読者からの手紙」として、感想の手紙を書いてもらい、子どもたちはうれしそうに読んでいた。

自分たちが作った新聞を身近な人たちに、笑顔で読んでもらえただけでなく、感想の手紙までもらったことで、充足感を得て、学習を終えることができた。

読者からの手紙を読む

> **また作りたい**
>
> できた新聞をクラスの子の家の人や先生に読んでもらいました。感想の手紙をもらって、楽しく読んでくれたことがわかりました。新聞を作ってよかったです。また作りたいです。
>
> （5年児童・授業の振り返りより）

こんなところでも NIE
～NIE ギャラリー～

かぼちゃに変身！新聞紙
新聞でかぼちゃを作り，お気に入りの写真を新聞から切り抜いて貼りました。
できた作品は地区の公民館祭りや市の子ども造形展に出品しました。　　（2年図画工作科）

小数をさがせ！
身近なものから小数を見つけました。新聞にも小数がたくさん！　（3年算数科）

大切なもの
新聞からテーマに合った写真を選び，自分の大切なものを表現しました。(5年図画工作科)

第 **3** 章

どこでも NIE
―どこでもチャレンジ NIE―

親子わくわく新聞教室

　　NIE は授業の中だけでなく，どこでもできるのではないか……と考えました。
　　そこで，本校の親子ふれあい学級で「親子わくわく新聞教室」を実施しました。
　　また，修学旅行やみどりの学校（5年生野外宿泊体験活動），体験活動や見学学習等の成果を「新聞」の形でまとめを行うことも，NIE をどこでも実践していくことになると考えました。

1 NIEを広げるために

> 　帰宅した子どもがNIEの授業で「チラシを使ってパーティーを催すというのをやり，とっても楽しかった」とうれしそうに話してくれました。
> 　それをきっかけに，新聞の見出しに注目したり，新聞の中のおもしろそうな言葉やキーワードを切り抜いたりしています。自由な発想で，新聞に親しむことができて，とてもいいなと思いました。
> 　また，我が家でも新聞について話題がよくでるようになりました。　　　　　　　　（5年保護者）
> 　NIEの学習を行うようになってから，家でも新聞を読むようになりました。長い文章を読むことに抵抗がないようです。家族で記事について話し合うようになりました。　　　　　　（6年保護者）

　これは，保護者からの手紙の一部である。この手紙からは，親子が新聞を囲んで，楽しく語り合っている様子が目に浮かんでくる。

　本校では，NIEの活動を進めていくことで，新聞を読む子どもの割合や新聞記事について学校や家庭で話す子どもの割合が増えてきている。NIEが学校だけでなく，家庭にも少しずつではあるが，浸透していることを実感している。

　NIEの活動を行うにあたり，家庭の協力はとても大切である。子どもたちにとって，社会の扉への第一歩は家庭である。社会への扉でもある新聞を使った授業を学校で行うにあたり，家庭と学校が協力して取り組むことはNIEの大きな目標である。

　新聞を使って，親子で話し合ったり，遊んだりすることができ，学校だけでなく，家庭でも地域でも，どこでもNIEを進めていくこと，それこそが，NIEの目指している姿でもある。

2 保護者と進めるNIE

　本校では，保護者と進めるNIEを行うにあたり，「親子わくわく新聞教室」を実施し，親子で半日，じっくり新聞と向き合う時間をつくった。そして，その時間は新聞だけでなく，「子どもたちのために」，学校もお父さん，お母さんも，NIEを通して子どもときちんと向き合う時間にもなった。学校で行っているNIEの活動を保護者に理解し，協力してもらうことができた。

　「親子わくわく新聞教室」を行ったことで，次のような点が効果として挙げられる。

①自ずとファミリーフォーカス（家族で取り組むNIE活動）が行われ，親子間のコミュニケーションを図ることができた。

②教科書を使わないので，教育の専門知識がなくても参加できた。

③新聞記事の特性から，保護者も子どもに大人として，個人としての意見や考えを示すことができた。

④教師1人ではなかなか難しい，一人一人の子どもに目配りした授業が可能になり，どの子

も達成感を味わうことができた。

3 新聞づくりから取り組むNIE

　新聞制作学習は、NIEの学習の中でも大きな要素を占めている。
　「第2章　だれでもNIE」の項でも述べたように、新聞制作学習は多種多様に富んでいる。どんな学年でも、どんな教科でも、どんな方法や内容でも取り組むことができ、まさに新聞制作学習は「どこでも」取り組むことができるNIEである。
　新聞制作学習の目的は、それぞれの教科や領域等の個別の目標達成である。しかし、それだけでなく、新聞を制作していく中で、5W1Hを踏まえた記事づくり、大切なことから述べていく逆ピラミッド型文章、事実と意見を区別して書くこと、見出しやリード文など、新聞の特質を踏まえて学ぶべきポイントはたくさんある。そして、新聞制作学習では、こういった学ぶべきポイントのどれか一つは、意識して取り組ませていきたい。そういった学習を通して、豊かな言語能力を身につけることができるのである。
　また、新聞制作は、個人でもグループでも取り組むことができる。
　個人で取り組んだ新聞は、学習の成果だけでなく、累積していくことで、学びの足跡にもなる。また、グループで取り組む際には、割り付けや編集などの活動を通して、子どもたちが人間関係を築くことができ、コミュニケーション能力の育成にもつながっていく。
　様々な機会をとらえて新聞づくりに取り組むことで、どこでもNIEの実践を進めていくことになるのである。

4 どこでもできるNIE

　新聞を使ってかぼちゃを作り、できあがりに新聞からお気に入りの写真を切り取って貼って作った2年生「かぼちゃに変身！新聞紙」。新聞から見つけた自分の大切な物の写真を、手漉きの和紙に貼って表現した5年生「大切なもの」(p.66)。
　図画工作科の授業でつくったNIE作品は、地域の行事でも作品として出品し、大変好評であった。
　また、授業の終末に行う「授業の振り返り」に「見出し」をつけている。
　NIEはどこでもできるのである。

親子わくわく新聞教室

お母さんと新聞の手紙を交換しました（2年）

本校では，毎年10月の第3土曜日に「親子ふれあい学級」を実施している。この「親子ふれあい学級」では，「親子バルーン教室」「親子防災教室」「親子ふれあいウォークラリー」など，親子で一緒に体験したり，活動したりする内容を毎年計画している。

今年度は「親子わくわく新聞教室」を開催した。この活動では，親子で一緒に新聞を使った学習に取り組むことで，新聞に親しむ態度を育成するとともに，本校のNIE活動について，保護者に理解を深めてもらうこともねらいとした。

当日は，1年生から6年生までが学年ごとに次ページから紹介するようなワークショップを用意し，親子で新聞を使った学習をした。講師は各学年の担任が務めた。

親子で記事の内容について話し合ったり，

お父さんと新聞クイズに挑戦中！（5年）

見出しのつけ方を相談し合ったりする場面が見られ，温かい雰囲気の中で活動することができた。また，新聞をとってない家庭も少なくないので，保護者にとっても新聞をじっくり見ることができ，新鮮だったようだ。

さらに，中日新聞の広報車であるドラゴン号に取材に来てもらい，「親子ふれあい学級特別号」を発行し，各家庭に持ち帰ってもらった（p.80）。

この活動を通して，新聞に親しむ態度を育成するとともに，保護者にNIEについての理解も深めてもらうことができた。

新聞でスリッパをつくったよ（1年）

実践 ① １年〈②新聞活用〉

親子で防災グッズづくり
～新聞でスリッパをつくろう～

　西端地区自主防災会の方から防災について話を聞いた後，熊本地震を報道した新聞を使用し，親子でスリッパづくりを行った。熊本地震を伝える新聞を手にしながら，改めて防災について親子で話し合う様子を見ることができた。当日は，西端地区自主防災会に防災資料のパネルや簡易トイレ等の防災グッズも展示していただいた。作ったスリッパをさっそく履いて，親子で展示等を興味深く見ていた。

防災会の方のお話を聞きました

熊本地震の新聞を手に取り，改めて被害の大きさに驚きました。子どもにも新聞を通して地震や防災のことを話すことができました。（１年保護者）

少し難しかったけれど，楽しかった。スリッパは思ったよりじょうぶだったよ。（１年児童）

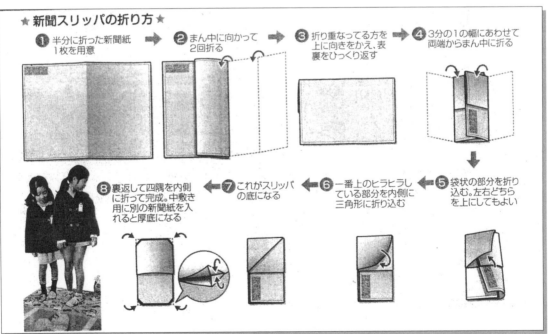

中日新聞　平成28年11月21日

実践 ② 2年〈②新聞活用〉

新聞で思いを伝えよう
～親子で新聞のお手紙こうかん～

〈新聞をひらいてみよう〉

　親子で一日分の新聞を開いて，記事や写真，広告，文字や見出しについて押さえた。

〈新聞のひみつをみつけよう〉

　中日新聞の題字の中にあるイラストに色を塗りながら，親子で秘密を見つけた。

親子で新聞を開く

〈参考〉

〈静岡中日〉　〈北陸中日〉

〈新聞で帽子をつくろう〉

　親子で帽子（ソンブレロ）を作った。

〈親子で新聞のお手紙こうかん〉

　新聞記事を使って親子で手紙を書いた。書いた手紙は親子で交換し読み合った。

新聞で帽子をつくろう

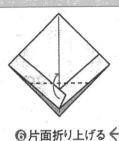

⑥片面折り上げる ← ⑤●をつまんで広げる

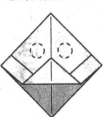

⑥両面折り上げる

⑦目の部分をハサミで丸く穴を開ける

⑦●をつまんで広げる

おばけぼうし

他にも「博士ぼう」「三角ぼう」などいろいろな帽子が作れます。

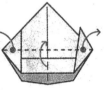

⑧折り線をつけ、●をつまんで広げる

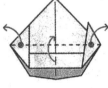

ソンブレロ

中日新聞 Clife より

①新聞2ページを半分に折る

②ななめに折る

③2等分にして折り下げる

④裏返して同じように折り上げる

親子で新聞のお手紙こうかん

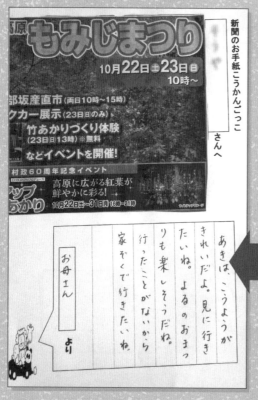

今日の朝刊を見たときに，子どもが好みそうな記事（写真）が少なくて不安になったが，広告欄が大活躍で「お気に入りが見つからない」という声は聞かなかった。たった1枚の広告写真でも，相手意識があると，それなりの文章が書けるということが分かった。保護者の手紙をいくつか見せていただいたが，どれも愛情いっぱいで心があたたまるものばかりであった。子どもたちもよい体験ができたと思う。（2年担任）

お父さんから手紙をもらったよ

実践 ③ 4年〈①新聞制作〉

親子でつくろう1／2成人式
～親子ではがき新聞に挑戦～

　「はがき新聞」とは，はがきサイズやそれより少し大きなサイズの，新聞形式の原稿用紙を使った作文である。新聞形式の，相手意識と目的意識をもたせたコンパクトな作文なので，生きた言語活動として様々な場面で活用でき，見出しを考えることでまとめる力もつけることができる。楽しくイラストなどを入れたり，文字の飾りや着色を工夫したりすることもできる。しかもコンパクトなサイズなので制作に時間もかからず，書くことやまとめることが苦手な子どもでも楽しく取り組めるものである。今回，上記のようなはがき新聞のメリットを生かし，親子で新聞制作を学ぶことにした。新聞の題材は，4年生が1／2成人式を迎えることを踏まえ，親子で取り組むにふさわしい題材として，生まれたときのことを新聞にすることにした。

生まれたときのことをインタビュー（4年）

　ガイダンスを行った後，生まれたときのことを保護者にインタビューし，それをもとにはがき新聞づくりを行った。保護者へのインタビュー内容については，事前に用意した生まれたときの写真を使い，見出しや題名，レイアウトを工夫しながら新聞を作成することができた。

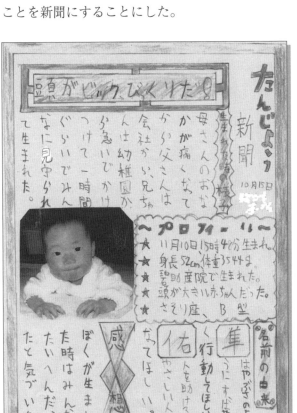

できあがった新聞

　事前に写真を用意したり，保護者にアンケートを行ったりしていたため，時間，内容ともに当日無理なく行えた。特に保護者と子どもが密接にかかわる内容だったので，親子でよく話をしながら進めていた。保護者同士でも，子どもが生まれたときの会話などをして，温かい雰囲気の中，授業を進めることができた。　　　　　　　（4年担任）

実践 ④ 5年〈②新聞活用〉

新聞をすみからすみまで読もう
～親子で新聞クイズに挑戦～

　5年生は，親子で楽しくクイズづくりをしながら，文章や内容を読み取る力を育てたいと考えた。5年生にとっては少し難しいなと感じる新聞記事も親子でなら読むことができるはずである。また，相手を意識しながらクイズを作り，伝え合う力も育てることができる。

〈体験版プリントを使ってクイズづくり〉

　「ドローンで外来種カメ調査」(中日新聞，平成28年9月6日)の記事を使ってクイズづくりを行った。

～できたクイズ～
・アオウミガメの特徴は何でしょうか？（2つ）
・全国でアオウミガメは何匹生息するとされているでしょうか？
・研究所の主任研究員はだれでしょうか？
・アオウミガメは何に影響を与える恐れがあるでしょうか？

〈今日の新聞から自分で記事を選びクイズづくり〉

　クイズを作り終えたら，全員で発表した。
　発表する子どもはまず記事の見出しを読んで，全員に記事がある場所を探してもらった。全員が見つけて，記事を読み終えたら，作ったクイズを発表。わかった人に答えてもらった。

　新聞を使ってクイズを作り，他の子の作ったクイズの答えを当てるという，一見シンプルなことなのですが，いざ問題を作ろうとするとなかなか大変な作業でした。作業をしながら，子どもの発想力のすごさに感心してしまいました。親子で新聞をじっくり読む機会がなかったので，とてもよい体験になりました。
（5年保護者）

地名の名残 ブランドに

この一年も、わーくシートを通して新聞に親しんでみませんか。愛知県碧南市西端小学校5年生がわーくシート作りに取り組み、作品を寄せてくれました。二週続けて紹介します。まずは地名の記事に注目した深津萌瑛子さんの作品です。

読者が作った 新聞わーくシート

■掲載 2016年10月15日朝刊西三河版など

鬼崎地区の砂浜。かなたには中部国際空港がかすかに浮かぶ＝愛知県常滑市で

愛知県常滑市中心部から北に二㌔ほど歩くと、「鬼ケ崎」の名の付く施設が目につく。鬼崎中学校に鬼崎北小、南小。保育園や漁協も一つ。

鬼崎は、もともとは「鬼ケ崎」と呼ばれ「器」の間にか「器」が「鬼」に変化したらしい。近くの海ではよく船が座礁した。地元では船乗りが「鬼ケ崎」と呼ぶ数の生産量を誇る「鬼崎のりへの愛情は人一倍強い。一流のすし店で鬼崎のりを愛用する店は多いが、残念に思うのはブランドとしては知る人ぞ知る存在にとどまっている。「おいしいノリを売れば、自然とお客さまは増えてくる」と竹内さんは信じている。

一九〇六（明治三十九）年に周辺の三村が合併したとき、付近にあった岬の名「鬼ケ崎」を村名にしたのだ。この岬に、なぜ鬼の名前が付いたのか。戦前に編集された鬼崎村誌をひもといてみた。

いらしい。赤鬼の看板が出迎えてくれた。組合長の竹内政蔵さんは生産の現場を見に、細い路地を抜けて鬼崎漁協に向かうと、金棒を持ったかわ

一九五四（昭和二十九）年に当時の常滑町と合併し消えた。「鬼崎町」の名残だ。しかし、鬼崎の名は地名には残っていない。鬼崎だ。

愛知県碧南市
西端小5年
深津萌瑛子さん

内容はとても深く、難しかったので、問題を作るのも難しかったです。

中日新聞 平成29年1月8日

記事を読んで考えてみよう

年　組　名前

①鬼崎のある常滑市は地図のうちどこでしょう。

②鬼崎の名が付けられた地元の食べ物として、記事中では何が登場していますか。
a 鬼崎ずし
b 鬼崎なっとう
c 鬼崎のり

③この写真で見えているのは何湾でしょう。
a 三河湾
b 伊勢湾
c 若狭湾

問題の③は、答えを募ります。下の募集欄を見てください。抽選で図書カードを贈ります。はがきで応募してくださいね。

マナビバ編集室では、小中学生が作ったわーくシートを募集しています。好きな記事で作品を作ったら、下の宛先に送ってね。

中日新聞に掲載されました

お得に印刷 新プリンター

先週に続いて愛知県碧南市西端小学校から届いた新聞わーくシートを紹介します。プリンター業界の記事に注目した5年川淵星奈さんの作品です。

読者が作った 新聞わーくシート

■掲載 2016年10月15日朝刊地域経済面

インクの容量を増やしたプラザの新機種＝名古屋市瑞穂区で

中部地方のプリンターメーカーが、インク容器を大きく、印刷コストを下げた家庭向けの新製品を相次いで投入している。消耗品の交換インク販売で稼ぐ従来の商法からの方針転換。携帯端末の普及で市場が縮小することへの危機感が背景にあり、各社とも小さくなったパイの奪い合いに躍起となっている。

業界二番手のブラザー工業（名古屋市）は八月、大容量インクプリンターを発売した。本体の想定価格は三万四千八百八十円（税抜き）と従来機の約一・五倍。一回のインク交換で印刷できる枚数が大幅に増加。A4カラー文書で比較すると、従来機の四百九十五枚に対し、新機種は千二百三十枚印刷できる。印刷コストは一枚約八・五円から半分近くに抑えられ、毎月二百枚印刷する家庭の場合、本体購入費を加えて五年間で約三万円お得になるという。

調査会社ＩＤＣジャパンによると、国内のインクジェットプリンター市場は二〇一一年の六百二十二万台がピークに、三年連続で減少している。年賀状代わりにメールで家庭用プリンターで印刷していた消費者が、写真は画面のタブレット端末で見たりしたりするようになったためだ。

一方、キヤノンとシェア首位を争うセイコーエプソン（長野県諏訪市）は二月、本体に大型のインク容器を備えた新製品を発売した。従来はカートリッジを交換する方式があったが、新製品は本体の容器に補充が可能。付属のインクボトルは一カ月に三百枚印刷しても、一年間は持つ計算だ。A4一枚当たりの印刷コストも、同社の従来品と比べて最大で約十六分の一という。

愛知県碧南市
西端小5年
川淵星奈さん

お母さんと、はじめて新聞を一緒に読みました。問題を作るのがすごく楽しかったです。

中日新聞 平成29年1月15日

記事を読んで考えてみよう

年　組　名前

①国内のインクジェットプリンター市場はどんな傾向があると書いてありますか。
a 3年連続で減少
b 3年連続で拡大
c 5年連続で横ばい

②ブラザー工業の大容量インクプリンターの特徴は次のうちどれでしょう。
a 本体の想定価格が従来機の約半額
b 一回のインク交換で印刷できる枚数が大幅に増加
c 印刷コストが2倍近く増加

③セイコーエプソンの新製品の特徴は次のうちどれでしょう。
a 本体に小型のインク容器を装備
b インクが切れればカートリッジを交換する方式
c 印刷コストが従来品と比べ最大で約16分の1

問題の③は、答えを募ります。下の募集欄を見てください。抽選で図書カードを贈ります。はがきで応募してくださいね。

マナビバ編集室では、小中学生が作ったわーくシートを募集しています。好きな記事で作品を作ったら、下の宛先に送ってね。

実践 ⑤ 3年・6年 〈①新聞制作・②新聞活用〉

新聞で主張しよう
～親子で新聞切り抜き作品づくり～

　本校では3年生は初めて新聞切り抜き作品づくりに取り組む。7月に新聞切り抜き作品づくりのオリエンテーションは行ったが，実際に集めた記事を分類したり，貼ったり，感想を書いたりするなどの作業は2学期中旬以降に行う。そのため，今回，親子での新聞切り抜き作品づくりは，今後の新聞切り抜き作品づくりを行う際に役立つことを期待した。

　6年生は4年生から新聞切り抜き作品づくりに取り組んでいるため，3回目の作品づくりである。今回親子で新聞切り抜き作品づくりを行うことで，記事集めや分類の仕方等，自分自身の作品づくりの際に大いに参考になるのではないかと考えた。

　テーマは，3年生は「熊本地震」，6年生は「平和」とした。それぞれのテーマに関連する新聞記事を集めたものを資料として準備し，使用した。

親子で切り抜き作品づくり（6年）

6年作品

6年作品

　今回，初めて新聞切り抜き作品を行いました。ネット社会になり，新聞から遠のきがちになり，新聞を読む機会が少なくなっていたため，久しぶりに新聞をじっくり読むことができました。ネットニュースでは載っていない細かいことや地域のことなどもわかり，その記事を通して，いろいろと感じ，知ることができました。子どもとも，今回原爆の話をしたり，戦争に対しての考えや思いを聞くことができたりして，とてもよい時間を過ごすことができました。　　　　　（6年保護者）

3年作品

3年作品

親子で切り抜き作品づくり（3年）

> 3年生には難しいかと思ったが，家の人の協力もあって，時間内にほとんどの子が作り終えることができた。この親子ふれあい学級を練習台にして，この後，自分たちの作品づくりを行おうと考えているが，「新聞切り抜き作品づくり」に初めて取り組む子どもたちにとっては，作業の流れを勉強するよい機会になった。　　　　　　　　　　（3年担任）

> 今回のテーマが熊本震災という親子で共通の話題だったこともあり，親と子でいろいろと新聞の切り方や配置等，試行錯誤しながら新聞切り抜き作品を作りました。とても楽しい時間を過ごすことができました。
> 　　　　　　　　　　　　　　（3年保護者）

　作成する用紙を四つ切り画用紙にしたこともあり，時間内にほとんどの親子が完成し，作品発表会も行うことができた。

　2月に4年生から6年生を対象に行ったNIEアンケートの自由記述欄にも，「家の人と意見を出し合って自分の新聞切り抜き作品づくりに取り組み，自分の考えてないこともわかった」

できあがった作品はみんなで見ました。みんなよくできているね。

「お母さんと平和について話し合う機会がないので，今回の新聞切り抜き作品づくりでいろいろ話すことができたのがとてもよかった」等といった感想を書く6年生が少なくなかった。親子で一緒に新聞切り抜き作品づくりに取り組んだことは，子どもたちにとってもとても楽しい体験になった。

> 新聞っておもしろい！
> 西端小「ふれあい学級」

[1]　西端小学校親子ふれあい学級特別号　　　　　　　　　　　（平成28年）10月15日（土曜日）　　©中日新聞社 2016

新聞っておもしろい！

西端小「ふれあい学級」

碧南市立西端小学校で十五日、「親子ふれあい学級 親子わくわく新聞教室」があり、全校児童約四百七十人が保護者と一緒に新聞を使った学習に取り組みました。

6年生「新聞で主張しよう〜親子で新聞切り抜き作品づくり」

活用いろいろ　親子で体験

今回のふれあい学級は、新聞を活用する学習「NIE（教育に新聞を）」について保護者に理解を深めてもらうのがねらいです。

学年ごとのワークショップ形式で、一年生は「防災グッズづくり」▽二年生は「手紙交換ごっこ」▽三年生と六年生は「切り抜き作品づくり」▽四年生は「はがき新聞」▽五年生は「新聞クイズづくり」に挑戦しました。

二年の内藤舞桜さんは新聞記事を張った手紙を母親と交換。「なばなの里の記事を選んで書いた。今年も連れて行ってもらいたい」と笑顔を見せました。

平和をテーマにした新聞切り抜き作品作りに挑戦した六年の杉浦和佳さんは「読みやすいレイアウトを考えるのが難しかった」と振り返りました。杉浦さんの母、直子さんは「親子での共同作業は久しぶりなので楽しかったです。平和について話し合ういい機会にもなりました」と話していました。

2年生「新聞で思いを伝えよう〜新聞のお手紙交換ごっこ」

1年生「親子で防災、身を守ろう〜新聞で防災グッズづくり」

4年生「親子でつくろう1／2成人式〜親子ではがき新聞に挑戦」

3年生「新聞で主張しよう〜親子で新聞切り抜き作品づくり」

特別号はドラゴン号で制作

パソコン、プリンターなどを搭載した中日新聞の新聞製作・広報車。2005年8月にデビューし、中部9県の地域のイベントやNIE（教育に新聞を）活動、市長選などで特別号外を発行している。出動は16年5月末までに500回を突破した。

5年生「新聞をすみからすみまで読もう〜親子で新聞クイズづくり」

中日新聞

発行所 中日新聞社
名古屋市中区三の丸一丁目6番1号
〒460-8511　電話 052(201)8811

NIE事務局
☎052(221)1047

中日新聞ホームページ
http://www.chunichi.co.jp/

授業の振り返りに見出し

　授業の終末に行う「授業の振り返り」は，1時間の授業への子どもたちの理解と意欲を測るだけでなく，次への学習課題をもって次時の授業に取り組むために，必要不可欠である。本校では，その「授業の振り返り」に見出しをつけることを行っている。

　はじめは「授業の振り返り」に何を書いていいか戸惑っていた子どもも少なくなかった。しかし，単に「わかったこと・気がついたこと」や「感想」を記すだけでなく，「今日の授業の中でピカッと光った友達とその理由を書いてみよう」とか「今日の授業の中で一番心に残ったことを書いてみよう」といったように，具体的な指示を与えることで，子どもたちの中にどんなことを書けばいいのか，視点が見えてきて，書くことができるようになってきた。また，「授業の振り返り」は授業の終末に発表するだけでなく，次時の授業のはじめに数名の子どもの記述を発表することも，とても効果的である。自分の振り返りが発表されることで，発表された子どもは自己有用感を感じることができる。また，友達の振り返りを聞くことで，「次」へのヒントにつながっていく。子どもたちも慣れてくるに従い，楽しみながら取り組むことができるようになった。

授業の振り返り（6年家庭科）

どこでも新聞づくり

1年生

行事や生活科の授業のまとめを新聞にしました。見出しをつけています。

あきのえんそくにいったよ

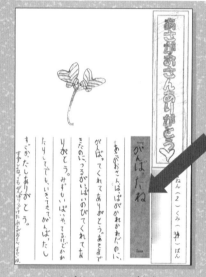
あさがおさんありがとう

生活科の授業で町探検に行きました。町探検で勉強したことを新聞にしました。できた新聞は探検したお店や事業所に届けました。

2年生

3年生

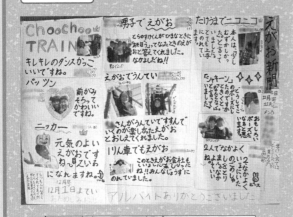

学級の係活動「えがお会社」の活動で「えがお新聞」を作りました。笑顔のニュースを紹介しています。

4年生

親子わくわく新聞教室で使ったはがき新聞を使って、行事のまとめをしています。

5年生

総合的な学習の時間で学習した「環境」について新聞にまとめました。

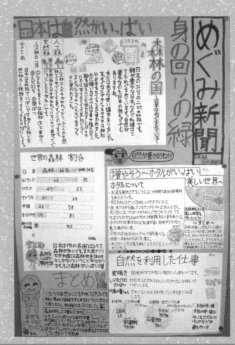

第3章 どこでもNIE―どこでもチャレンジNIE―　83

6年生

修学旅行や学芸会等のまとめを新聞にしています。見出しや記事を工夫しました。

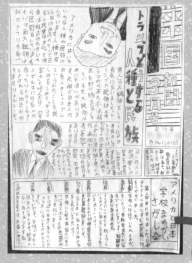

社会科「日本とつながりの深い国々」で学習したアメリカと日本の学校の違いをインタビューにしてまとめました。

4～8組（特別支援学級）

碧南市特別支援合同運動会や碧南市造形展，ハロウィンパーティー等，行事を新聞にまとめました。

第 **4** 章

NIE のヒント

新聞の見出しをさがそう（2年）

　NIE は特別なことではありません。
　ちょっとしたアイディアで，授業に楽しく取り組むことができます。また，それだけでなく，子どもたちにとって「主体的・対話的で深い学び」になります。
　楽しく，そして，もっと気軽に NIE に取り組むことができるための NIE の実践アイディアヒントを紹介します。

1 楽しく NIE

> **NIE の授業を終えての感想**（児童アンケートより抜粋）
> ・NIE の授業はとてもおもしろく，新聞が好きになった。親子ふれあい学級のわくわく新聞講座では楽しく新聞を作ることができた。新聞切り抜き作品づくりでは新聞記事を集めるのが楽しかった。　　　　　　　　　　　　　　　　　　　　　　　　　　　　　　　　（4年児童）
> ・自分で意見をまとめる力がついた。いろいろな記事を読むことができ，とても楽しかったし，日本や世界のことがよくわかるようになった。もっといろいろなことを知りたいです。　（5年児童）
> ・自分の考えをまとめたりする力がついたと思う。新聞切り抜き作品づくりでは，どの記事を選ぶか，記事について意見をどうまとめたりするか，友達と話し合い，協力して一つの作品を作るのが楽しかったです。　　　　　　　　　　　　　　　　　　　　　　　　　　　　（6年児童）

　本校での児童アンケートの自由記述欄では，「NIE は楽しい」とほとんどの子どもたちが書いていた。

　新聞を授業で活用していく中で，「新聞は難しいもの」「新聞は大人のもの」といった先入観を消し去り，新聞そのものに親しみ，楽しみながら学習に取り組むことができるのが NIE である。また，NIE では，新聞にふれ，新聞を読むことを通し，新聞の内容についても，自分の考えを深めるだけでなく，友達と練り合い，高め合っていくことができるのである。

2 もっと気軽に NIE

　NIE を特別なこととしてとらえず，教師自身がもっと気楽に，気軽に取り組んでいくことで，子どもたちにとっても，もっと楽しいものになることができる。

　新聞には記事だけでなく，写真や見出し，図，表，広告，マンガ等，いろいろな要素がある。そのどれもが教師のアイディア次第で，すてきな教材に，資料になることができる。

　例えば，新聞の中で子どもたちにとって一番なじみのあるテレビ番組欄も授業になる。

　「今日は，テレビ番組欄の中から『わたしのおすすめのテレビ番組』を紹介しよう」と投げかけると，子どもたちは夢中になって自分のお気に入りの番組を見つける。それを友達と紹介し合うことで国語科のスピーチの学習になる。

　新聞には，数字や円グラフ，帯グラフ，表などの統計に関わる様々な記事が毎日のように載っている。そういった数字を算数の授業に使うこともできる。

　また，「第 2 章　だれでも NIE」の項で紹介した 2 年生が実践した四コママンガの授業 (p.34) は，中学校 3 年生でも実践することができる。

　「この授業は，この学年でなければならない」というきまりはなにもない。気軽に楽しく取り組んでいきたい。

3 NIEのヒントはいっぱい

　新聞を使うことで，授業が楽しくなり，子どもたちが意欲的に授業に取り組むことができるようになるが，新聞を使うために授業を行うのではない。新聞はあくまでも手段であり，目的ではないことにしっかり留意して進めていきたい。常によりよい授業や学びの姿をつくるためのNIEでなければならない。

　また，NIEを実践していくことで，教師力も必ずアップできる。

　そのためにまず，教師自身が新聞に親しみ，新聞を知り，学ぶことである。そうすることで，新聞を授業の中でいつのまにか活用することができるようになる。

　また，「今日の新聞に載っていた○○だけどね……」と，子どもたちとも新聞を話題にして教室で会話が弾む。見出しをはじめとした新聞作成のノウハウは，学級通信や学年通信づくり等，教育技術として様々な場面に生かすことができる。

　生きた教材である新聞を授業の中に活用していくためのヒントはいっぱいである。

　新聞を活用して，楽しみながら，いきいきとした学びの場をつくっていくことがきっとできるはずである。

中日新聞　平成29年1月3日

ヒント 1
お誕生日新聞を読む

　自分の生まれた日の新聞（お誕生日新聞）は，子どもたちにとって感動的で新鮮である。そこで，お誕生日新聞の第1面を使って，新聞についての基礎知識を学ぶことにした。お誕生日新聞を読むことから，新聞を読むきっかけづくり，さらに親子で新聞を読む―ファミリー・フォーカス―へと発展させていくことができたら……と考えた。

　「今日は先生からみんなにプレゼントがあります」と言うと，

　「先生からのプレゼントって何かな？」

と，はじめは不思議そうな顔をしていた子どもたちからも，そのうちに，

　「あっ，生まれた日の新聞だ」とか，

　「ねぇ，どんな日だった？　わたしの生まれた日はねぇ……」

などという声が聞こえてきた。ほとんどの子どもにとっては，初めて見る自分の生まれた日の新聞。どの子もとても興味をもって読んでいた。授業では，生まれた日の新聞を使って，見出し，リード，コラムなど新聞の読み方基礎知識を学習した。

　また，自分のお誕生日新聞の感想をグループで発表し合った。子どもたちは友達がどんな日に生まれたのか，とても興味をもって，発表を聞き合うことができた。

　お誕生日新聞は家に持ち帰り，お父さん，お母さんにも読んでもらい，コメントをいただき，親子で新聞を読む―ファミリー・フォーカス―へと発展させていった。

　お父さん，お母さんからのコメントは，学級通信で紹介した。

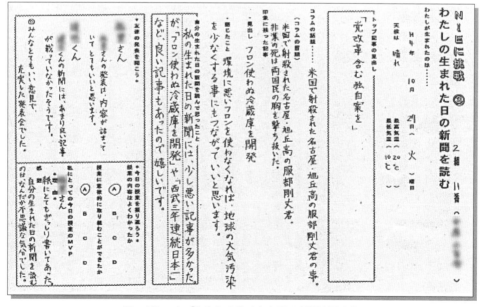

ワークシート「わたしの生まれた日の新聞を読む」

挑戦！新聞ノート

　3年1組では，1週間に1回，教師の選んだ新聞に子どもたちが感想を書く課題を出している。

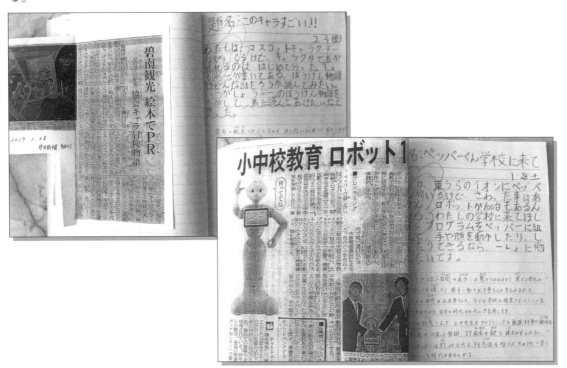

金曜日の宿題は，毎週新聞ノート

　金曜日の宿題は，毎週新聞ノートです。

　新聞の中から，碧南市の記事やロボットなど，子どもたちにとって身近なものや興味がもてそうなものや子どもが読みやすい記事を選んで，子どもたちに渡しています。それを読んだ感想を月曜日に提出させています。

　はじめは，何を感想に書いてよいかわからなかった子どもたちも，回を重ねるごとに「自分だったら……」と自分の考えを書ける子どもが増えてきました。また，「先生，今週の新聞記事は何？」と楽しみにしてくれるようになってきました。

　3年生にとっては難しい言葉もありますが，言葉を調べたり，お父さん，お母さんに聞いたりする子どももいます。見出しをつけてくる子もいます。自主的に言葉を調べたり，見出しをつけたり，子どもたちがどんどん自分で考えて，自主的に取り組んでいる様子に，子どもたちが新聞ノートで育っている姿を実感しています。

　また，お父さん，お母さんがコメントを書いてくださる家庭もあります。お父さん，お母さんからのコメントは私も読むのがとても楽しみです。親子で新聞を読み，感想を交流し合っている様子がうかがえ，温かい気持ちになります。

（3年1組担任）

第4章　NIEのヒント　89

ヒント3

報道を詠む
～報道写真で俳句をつくろう～

　俳句は5，7，5音と季語の定型の中に，新しいものの見方を凝縮させた世界で最も短い詩である。練り上げられた表現は，作者の心と対象が触れ合う瞬間を，まるでカメラのようにとらえ，優れた日本語と言葉の意味の深さを味わうのに適している。一方，新聞にはカラーの美しい報道写真が毎日数多く掲載されている。そのジャンルも事件や事故の場面だけでなく，自然や人々の表情を紹介しているものまで多彩である。「新聞は字がいっぱいで読みにくい」と新聞を読むことに抵抗感をもつ子どもも少なくない。そんな子どもたちに，新聞に登場する報道写真を使って，楽しみながらNIEに取り組ませたいと考えた。

学習内容・指導計画（2時間）

（1）新聞写真の中から気に入った写真を選ぶ。
　　　選んだ写真を題材に俳句を詠む。・・・・・・1時間
（2）画用紙にレイアウトを考えながら写真を貼り，俳句を書く。
　　　グループで作品を発表し合う。・・・・・・1時間

新聞からお気に入り写真を見つける

子どもの姿と成果

　「俳句を詠む」というと，身構えてしまったり，何を詠んでいいのかわからなかったり……という子どもが少なくない。しかし，新聞の中から写真を選び，俳句を詠むということで，気軽に題材を選ぶことができた。また，写真から俳句を詠むためには，必然的に記事を読むことになり，興味・関心のある写真に注目して，新聞に親しむきっかけづくりにもなった。また，季語はできるだけ入れた方がよいこととし，季語が入っていないものも可とした。写真と俳句だけではなく，イラストを加えたり，俳句を筆ペンで書いたりするなど，各自に書き方も工夫させることで，作品としても工夫された，楽しいものができた。

　また，俳句づくりだけでなく，消しゴムはんこで篆刻（てんこく）も行った。イニシャルや自分の名前の一字など，子どもたちは意欲的に取り組むことができた。

ヒント ④

新聞でスピーチ
～わたしのおすすめ新聞記事～

　新聞には様々な情報があふれ，「こんな記事が載っていたよ」「このできごとについてはこう思ったよ」等，友達に伝えたい内容がたくさんある。「新聞でスピーチ」では，新聞に親しみ，新聞を読む中から，自分の興味・関心のある新聞記事を選び，考えたことを学級の友達に「わたしのおすすめ新聞記事」として伝え合うことで，思いの共有を図ることをねらいとしている。

　新聞記事を題材にしてスピーチ活動を行うことは，社会への関心や国際理解を高めるだけでなく，情報を選択し，活用する力を育成することになる。また，選んだ新聞記事の紹介や理由等，自分の思いを聞き手にわかりやすく伝えるための工夫をして話したり，話し手の考えをとらえながら聞いたりすることで，話すこと・聞くことの力をもつけることができると考える。

1　スピーチの仕方を知る

（1）スピーチメモを作る。
（2）スピーチの練習をする。
　　　グループで互いにアドバイスし合う。
（3）スピーチの発表をする。
　　　評価表を用いて学習の成果を確かめる。

2　スピーチ活動を行う

　スピーチ学習後は，新聞を題材にしたスピーチ活動を，国語科の授業の中で帯学習として行っている。
　スピーチは，司会係，板書係，スピーチ係の3人で進める。
　スピーチ係‥‥‥自分のおすすめ新聞記事を，スピーチメモにまとめてから，発表を行う
　司会係‥‥‥‥‥スピーチの進行を務める
　板書係‥‥‥‥‥聞く力をつけるために，スピーチを聞きながら，黒板に要点をまとめる
　スピーチを始める前に，スピーチ係は質問者を指名する。これは，質問者を指名することで，スピーチを聞く力をつけることをねらいとしている。スピーチは，スピーチと質問を合わせて3分で行う。その後，1分間でスピーチを聞いた感想等を，スピーチアドバイスカードに記入する。このスピーチアドバイスカードは，クラス全員分を綴じ，担任のコメントを加え，スピーチをした子どもへのプレゼントとしている。

ヒント 5

新聞でGO！
～新聞のこんな活用～

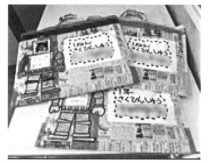

〈新聞で作品入れ～特別支援・1年～〉

　1年間の図工作品を入れる袋を新聞で作製した。新聞は，オリンピック金メダルの記事が載っているものを選んだ。四つ切り画用紙が何枚もあったが，新聞の袋なら十分に入った。子どもたちも，とても気に入ってくれた。

〈新聞エコバッグ～特別支援～〉

　特別支援学級が行う碧南市の即売会で，新聞を使ったエコバッグを販売した。作るのは，高学年が担当した。カラーテープを貼り，見た目もおしゃれになっただけでなく，とても丈夫になり，即売会でも大人気だった。

エコバッグづくり

〈はっけん・くふう・おもちゃづくり
　　～新聞を使って「わくわくおもちゃランド」・2年～〉

　おもちゃづくりの材料の一つとして，新聞も用意した。関連する本を図書室から借りて自由に読めるようにしておいた。本からアイディアをもらい，自分たちでアレンジして作製していた。

　新聞の写真を活用した「魚釣り」や「輪投げ」，新聞紙で作った「家」など，アイディアあふれるおもちゃが完成した。1年生を招待したおもちゃランドは大盛況だった。

あ と が き

　今，インターネットやテレビなど，巷には様々なメディアが溢れている。その中で，なぜ今「新聞」なのか……ということを，改めて考えてみた。私自身の拙い実践を振り返り，考えた答えは，「新聞学習は楽しい」である。

　私がNIEの授業を行うとき，いつも念頭においているのは，子どもたちが新聞を通して，楽しみながら授業に取り組んでいくことができたらな……ということである。

　本書の中でもふれたが，NIEの授業には，こうでなければならないといったものはないと思う。記事の部分だけが教材になるのではなく，コラムや投書欄，四コママンガや広告，写真，それからテレビ欄など，新聞のあらゆる部分を教材にしていくことができる。また，授業の進め方も，新聞を読むだけでなく，読んだことをもとに話し合ったり，自分が新聞を作ったり記事を書いたり，また，新聞社に意見や記事を発信していったり……といろいろな活動に発展させていくことができる。アイディアと工夫で，様々な可能性を秘めているのがNIEであると思う。

　「次の授業は，新聞を使うよ」と言うと，どの子も瞳を輝かせる。また，NIEを始めてから，「先生，あの記事読んだ？」とか「昨日の新聞にのっとったけどねえ……」などといったように，新聞を話題にして，教室の中で子どもたちとの間に会話も弾む。

　新聞を切ったり，貼ったりする作業の中で，知らず知らずのうちに新聞をじっくり読み，新聞で考え，新聞を使って自分の思いや考えを表現できることがNIEの魅力ではないかと，私は考えている。

　本校では，平成26・27年度にNIE実践校の指定を受け，愛知教育大学教授・土屋武志先生のご指導の下，全校でNIEに取り組んできた。本書は，そういった本校の全職員が取り組んできたNIE学習の軌跡でもある。

　当初は，NIEという言葉の意味さえおぼつかず，何をどんなふうに取り組んでいけばよいのか戸惑いを感じていた職員も少なくはなかった。そこで，まず取り組んだのが，第1章で述べた「全校新聞を読む日」の設定と新聞切り抜き作品づくりであった。「全校新聞を読む日」は3年生以上の全クラス，新聞切り抜き作品づくりは4年生以上の全クラスで始めることにした。スタンスは全校で，全職員で取り組むことである。「全校新聞を読む日」の実施については学校司書の力に拠るところが大きい。また，新聞切り抜き作品づくりは総合的な学習の時間とリンクさせていくことで，無理なく始めることができ，現在は3年生以上の全クラスで取り組んでいる。今年度は，1・2年生も2学期から「全校新聞を読む日」に取り組ませたいと考えている。また，新聞切り抜き作品づくりについても1・2年生にも挑戦させたい。

　「全校新聞を読む日」も新聞切り抜き作品づくりも，取り組みの様子や子どもの作った作品から，継続の力を実感している。保護者からも「新聞切り抜き作品づくりでは，自分が特に興

味のある事柄を再確認し，一つのテーマについて掘り下げていくので，深く知ることができる。自分で記事を集め，まとめていくこの作業から，基本的な勉強法を自然に身につけることができていったと思う」といった感想もいただいている。NIE を通して，主体的に学ぶ子どもの姿を，保護者からも認めていただくことができたと自負している。

　授業については，社会科や国語科といった NIE が得意とする教科は言うに及ばず，図画工作科や音楽科，家庭科といった NIE にはあまりなじみがないと思われる授業の実践も行った。また，高学年だけでなく，1年生をはじめとする低学年や特別支援学級でも実践を行うことができた。実践を重ねていく中で，こんな取り組み方や使い方もあるのか……と，改めて NIE のもつ可能性の大きさについて，私自身，驚かされることばかりであった。

　さらに，授業だけでなく，学校行事でも「親子わくわく新聞教室」で NIE にチャレンジした。果たしてどうなるのか……と始める前は不安でいっぱいであった。しかし，当日は新聞を手に取り，一緒に読んだり，話したりする親子の姿に，始める前の懸念を吹き飛ばすことができただけでなく，改めて，親子のすてきな姿に感動することができた。「久しぶりに親子で共同作業ができ，親として楽しい時間だった。子どもが積極的に作業を進めてくれたので，成長を感じることができた」「親子全員に真新しい新聞が配られたことも新鮮だったし，その様子が載った新聞が帰りに配付されたのも，うれしい驚きだった。親子でクイズを作るために，顔を寄せながら一緒に隅々まで新聞を読むのも，とてもいい経験になった」等々，保護者からも肯定的な意見をたくさんいただくことができた。すばらしい保護者に支えられて，本校の NIE 活動を進めていくことができていることに感謝の思いでいっぱいである。

　こうして，振り返ってみると，全職員でいろいろな場面で，すべての学年で，様々な方法で NIE にチャレンジし，全校で「新聞を開く」ことができた。そのことを，校長として本当に幸せに感じるとともに，まさに「いつでも」「だれでも」「どこでも」NIE を実践してきたことを改めて実感している。

　私自身，NIE に取り組んで，20年以上になる。はじめは手探りで始めていた NIE であった。しかし，多くの仲間や先輩方に教え，助けられ，今日まで取り組むことができた。そういった NIE の仲間から教えていただいたり，ヒントを与えてもらったりした実践が本書の中にはたくさんある。また，山田伝夫様をはじめとする中日新聞 NIE 事務局の皆様には，様々な面でお世話になった。この場をお借りし，厚く感謝の念を表したい。

　本書の拙い実践をヒントに，「いつでも・だれでも・どこでも」NIE に取り組み，さらに多くの子どもたちが，先生たちが，学校が，「新聞を開く」ことになり，楽しく気軽に NIE の授業に取り組んでいただければ幸いである。

碧南市立西端小学校校長　　岩井　伸江

【監修者紹介】

土屋　武志（つちや　たけし）

昭和35年生まれ。上越教育大学大学院学校教育研究科修士課程修了。現在，愛知教育大学教授。文部科学省高等学校学習指導要領解説地理歴史編作成協力者（日本史主査）。愛知県岡崎市教育委員会委員。愛知県ＮＩＥ推進協議会会長等。

《編著・共著等》
『解釈型歴史学習のすすめ』（梓出版）
『新版21世紀社会科への招待』（学術図書出版）
『改訂　これからの教師』（建帛社）
『"国民的アイデンティティ"をめぐる論点・争点と授業づくり』（明治図書）
『学力を伸ばす日本史授業デザイン―思考力・判断力・表現力の育て方―』（明治図書）等。

【著者紹介】

碧南市立西端小学校

岩井　伸江，村上　嘉孝，加藤　智子，彦坂　信一，
山田　義久，高橋　智子，石川恵津子，稲垣　美紀，
角谷　麻希，三牧　道代，鈴木謙太朗，小澤千恵子，
禰宜田　健，浅井　真早，亀蔦　祐佳，井上　達，
鈴沖　智恵，大野　智貴，石川　咲子，池部　弘樹，
中園　健一，松永奈那美，小久井　茜，生田　納，
寺尾いくよ，天野　明広，石川日登美，荒木　美子，
高取三紀子，隅山　基子，磯貝　香織，棚田まなみ
＜平成28年度職員＞
黒川　和恵，守田　千夏，大原　美香，外山　祐圭，
澤田　瑞季，鈴木　智大，石川　瑞紀，小久保依利子

いつでも・だれでも・どこでも NIE
楽しく気軽に出来る授業づくりのヒント

2017年9月初版第1刷刊	監修者　土　屋　武　志
	©著　者　碧南市立西端小学校
	発行者　藤　原　光　政
	発行所　明治図書出版株式会社
	http://www.meijitosho.co.jp
	（企画）及川　誠（校正）西浦実夏
	〒114-0023　東京都北区滝野川7-46-1
	振替00160-5-151318　電話03(5907)6704
	ご注文窓口　電話03(5907)6668
＊検印省略	組版所　株式会社明昌堂

本書の無断コピーは，著作権・出版権にふれます。ご注意ください。

Printed in Japan　　　　ISBN978-4-18-095716-3
もれなくクーポンがもらえる！読者アンケートはこちらから →

『社会科教育』PLUS
平成29年版
学習指導要領改訂のポイント

大改訂の学習指導要領を最速で徹底解説！

提言 澤井陽介

- 1860円＋税
- 図書番号：2716
- B5判・120頁

B5判

平成29年版学習指導要領で社会科はこう変わる！新しい教育課程のポイントをキーワードと事例で詳しく解説。つけたい「資質・能力」から、「見方・考え方」追究の視点と授業デザイン、「主体的・対話的で深い学び」を実現する授業モデルまで。学習指導要領（案）の付録つき。

子ども熱中間違いなし！河原流オモシロ授業の最新ネタ

続・100万人が受けたい「中学社会」ウソ・ホント？授業シリーズ

河原和之 著

中学地理
【図書番号2572　A5判・144頁・1700円＋税】

中学歴史
【図書番号2573　A5判・152頁・1700円＋税】

中学公民
【図書番号2574　A5判・160頁・1700円＋税】

100万人が受けたい！「社会科授業の達人」河原和之先生の最新授業ネタ集。「つまものから考える四国」「平城京の謎を解く」「"パン"から富国強兵を」「わくわく円高・円安ゲーム」「マンガで学ぶ株式会社」など、斬新な切り口で教材化した魅力的な授業モデルを豊富に収録。

明治図書　携帯・スマートフォンからは **明治図書 ONLINE へ** 書籍の検索、注文ができます。▶▶▶
http://www.meijitosho.co.jp　＊併記4桁の図書番号（英数字）でHP、携帯での検索・注文が簡単に行えます。
〒114-0023　東京都北区滝野川7-46-1　ご注文窓口　TEL 03-5907-6668　FAX 050-3156-2790

＊価格は全て本体価表示です。